Klaus Sauerbeck

Ihr fünf spielt jetzt vier gegen drei

Meine Top-777 der coolsten, beklopptesten, lustigsten, unglaublichsten Fußballsprüche

Bibliografische Information der Deutschen Nationalbibliothek:
Die Deutsche Nationalbibliothek verzeichnet diese Publikation in der
Deutschen Nationalbibliografie; detaillierte bibliografische Daten sind im
Internet über http://dnb.dnb.de abrufbar.

Herstellung und Verlag: BoD – Books on Demand, Norderstedt

ISBN: 978-3-744889-9-64

Für E, genannt W,
mit dem ich mir vor vielen Jahren
während langweiliger Schulstunden
heiße Fußball-Wissensduelle lieferte;

und für F,
der beim Eintritt ins Fußballstadion
noch weit von der Seniorenermäßigung
entfernt ist.

Ohne euch beide wäre meine Fußballwelt
sehr viel ärmer.

Und für Jochen Coenen von der Sportbild,
dem ich ein Uli-Hoeneß-Vorwort
für mein Kinder-Fußballbuch
„Elf Freunde bleiben am Ball" verdanke.

Und für Uli Hoeneß
als Dank
für eben jenes Vorwort.

Und für alle „Heute-im-Stadion"-Reporter und
-Moderatoren, die mich seit Kindheitstagen
allsamstagnachmittäglich begleiten -
auch (oder gerade) im digitalen Zeitalter.

Und last but auf keinen Fall least für alle,
die dieses seltsame Spiel,
bei dem sich zweiundzwanzig Menschen
um einen Ball balgen
und bei dem angeblich am Ende
immer Deutschland gewinnt
(fragen Sie Gary Lineker),
genauso lieben wie ich.

INHALT

Das Buch

2014 wurde Deutschland Fußballweltmeister! Endlich wieder nach 24 Jahren! Ich wollte mit diesem Buch noch die Europameisterschaft 2016 abwarten - ich hatte schon bessere Ideen. Und dennoch: Der WM-Titel schreit nach diesem Fußballbuch, er schreit nach Beantwortung der existenziell wichtigen Frage „Was sagen Fußballer zu welchen Themen?". Mej, würde der Kaiser vielleicht sagen, schauma halt mal!

Kurz bevor ich dieses Buch fertigstellte, wurde eine grandiose deutsche U21 Europameister und eine Nationalmannschaft ohne die großen Stars ebenso grandios Sieger im ConfedCup. Super, Jungs, das machte Lust auf mehr!

Doch zurück zum Buch. Fußballer sondern ja vieles ab – Schweiß beim Schwitzen, Spucke beim Spucken, Sprüche beim Sprechen. Das Schwitzen ist in Ordnung, das Spucken eklig, die Sprüche sind klasse. Manchmal. Oder oft. Auf jeden Fall sind sie meistens lustig. Oder auch doof. Aber fast immer lesenswert. Ich habe viele gesammelt, irgendwo gelesene oder gehörte immer notiert und zu Hause in den Computer getippt.

Tauchen Sie ein in die Welt der Weisheiten der Fußballprofis und anderer, die meinen, auch ihren Senf dazugeben zu müssen. Viele meiner gesammelten Sprüche habe ich weggelassen; dann, wenn sie nicht witzig oder nicht originell waren; nach meiner Meinung.

Geblieben sind die, von denen ich meine, sie sind richtig gut. Ich hoffe, sie sind zu einem Buch geworden, das man gerne liest und mit dem man sich gut amüsiert.

Schwierig gestaltete sich bisweilen die Zuordnung: Ist Günter Netzer als Spieler einzuordnen, als Manager oder TV-Experte? Sieht man in Jupp Heynckes eher den Spieler oder doch den Trainer? Ich habe die Einordnungen so getroffen, wie ich sie „gefühlt" habe. So gehören für mich ein Mehmet Scholl oder ein Lothar Matthäus immer noch eher zu den Spielern, aber eben nicht nur; einen Klaus Allofs oder einen Rudi Völler sehe ich bei den Managern, aber natürlich auch noch bei den Spielern. Franz Beckenbauer und Johan Crujff, beide Giganten als Spieler, finden sich auch bei den Trainern wieder. Mehrfachnennungen sind also möglich, aber eigentlich ist das auch völlig wursch.

Beleidigt ist hoffentlich keiner der Zitierten – es ist ja nicht böse gemeint. Sollte jemand zu Unrecht zitiert sein, bitte ich um Entschuldigung. Andererseits – besser falsch zitiert als gar nicht. Dass unsere Jungs Weltmeister geworden sind, ist ein Glücksfall der besonderen Art. Deshalb sind die ersten Sprüche unseren Weltmeistern vorbehalten. Erlauben Sie mir dazu eine Anmerkung: In Berlin haben ein paar von den Jungs den „Gaucho-Tanz" aufgeführt und dazu gesungen – super lustig, super originell, einfach klasse! Kein Argentinier sollte beleidigt, kein Land diskriminiert werden. All denen, die diesen Spaß nicht verstanden haben, gilt der Rat: Sucht euch eine andere Sportart, ihr habt von Fußball keine Ahnung!

2018 steht wieder eine Fußball-WM an, bei der wir den Titel verteidigen werden. Oder auch nicht.

Eines auf jeden Fall verspreche ich: Ganz egal, wie sie ausgehen wird, ich werde nach der Weltmeisterschaft 2018 die „1000" vollmachen bei den Fußballsprüchen. Und wahrscheinlich ein bisschen mehr. Mit einem zweiten Band. Obs Ihnen gefällt oder nicht. Ich hoffe aber schon.

In diesem Sinn: Viel Spaß beim Lesen.

Der Autor

Dr. phil. Klaus Sauerbeck, Jahrgang 1958, ist verheiratet und hat drei erwachsene Kinder.

Er arbeitet als Rektor einer Mittelschule, spielte aktiv Fußball, Tennis, Tischtennis, Volleyball und Basketball, zum Spaß gern auch Badminton und Squash, hin und wieder Speedminton, fährt Ski und übt sich, seit er die Hammer-Übertragungen aus dem Londoner Ally-Pally erlebt hat, sehr dilettantisch im Dartsport.

Neben dem Sport gehört Sauerbecks Leidenschaft dem Schreiben, was zur Publikation von mehr als 30 Büchern führte. Eine Zusammenstellung seiner Werke finden Sie am Ende dieses Buches.

Klaus Sauerbeck lebt in Bayern, in der Nähe von Regensburg.

Meine Liebe zum Fußball und ich

Fußball liebe ich, solange ich denken kann. Geht man davon aus, dass der Mensch relativ früh über zumindest ein gewisses Denkvermögen verfügt – also auch ich – liebe ich demzufolge angesichts meines Alters den Fußball schon ziemlich lange. Meine frühesten kindlichen Fußballerinnerungen sind Nächte, in denen ich ab acht Uhr abends vorschlafen musste, damit man mich um elf oder so weckte, um im Fernsehen Schwarz-Weiß-Zusammenschnitte von Europapokalspielen anzusehen. Auch das berühmteste (Nicht-)Tor der Fußballgeschichte gibt's in meiner Erinnerung – nicht sehr deutlich, aber immerhin – ich war dabei beim (Nicht-)Tor von Wembley anno 1966!

Auch die Erinnerungen an Muhammad-Ali-Boxkämpfe, für die mein Vater mich um drei Uhr früh weckte, stammen aus dieser Zeit. Dieser masochistische Zug ist mir im Erwachsenendasein geblieben: Für ein Formel-1-Rennen stehe ich auch heute noch am frühen Sonntagmorgen auf.

Meine Liebe zum Fußball wurde begleitet durch die Stimmen ganzer Radioreportergenerationen – ein Samstagnachmittag ohne „Heute im Stadion" ist ein verlorener Samstagnachmittag. Dieser gehört seit Jahrzehnten nicht dem Bezahlfernsehen, sondern dem guten alten Radio.

Und wenn ich die höchst unterhaltsamen Bücher lese von Ben Redelings oder Frank Goosen, dann weiß ich: Ich bin nicht allein auf dieser Welt; es gibt mehr, um es mit Calli Calmund zu sagen, „Fußballbekloppte" wie mich.

All diesen Fußballbekloppten und allen anderen, die diesen Sport genauso lieben wie ich, ist dieses Buch gewidmet.

Klaus Sauerbeck

2014: Wir sind Weltmeister!

Ich kann ein Buch mit Fußballerzitaten auf keinen Fall schreiben, ohne unsere Weltmeister zu Wort kommen zu lassen, jeden einzelnen, nach diesem phänomenalen Triumph in Brasilien. Hier also Worte unserer Weltmeister - und nochmal danke, Jungs! Und das mit Europa machen wir dann eben 2020!

Aber erstmal kommt der Oberboss zu Wort, Ex-DFB-Präsident **Wolfgang Niersbach**, der sich so wohltuend unterschied von vielen „typischen" Funktionären. Niersbach habe ich die Liebe zum Fußball immer abgenommen. Ich nehme ihm auch ab, dass er ehrlich war. Ein wenig naiv vielleicht und unbedarft, aber immer das, was man eine „ehrliche Haut" nennt. Oder einen Ehrenmann, der er für mich immer bleiben wird:
Ich bin stolz auf die Mannschaft und den Trainer. Mehr geht für den DFB nicht. Wir haben den 4. Juli Bern, den 7. Juli München, den 8. Juli Rom und jetzt den 13. Juli Rio de Janeiro. Es war ein Gefühl ähnlich wie 1990. Seit heute weiß ich, man kann dieses Glücksgefühl wiederholen.

Ein besonderer Platz gebührt **Joachim Löw**, den alle Welt **Jogi** nennt. Der Bundestrainer wird nun in einem Atemzug genannt mit den Weltmeister-Trainern Sepp Herberger, Helmut Schön und Franz Beckenbauer:
Dieser Erfolg ist und bleibt das Resultat einer unglaublichen Teamleistung. Das war ein unglaublicher Teamgeist, eine verschworene Einheit, die alles gegeben hat für diesen Titelgewinn. Dieses tiefe Glücksgefühl wird für alle Ewigkeit bleiben.

Einen möchte ich nicht vergessen: **Marco Reus**, der nach einer überragenden Bundesligasaison so unglücklich verletzungsbedingt ausfiel und der auf Twitter postete:
Congratulation to the whole Team! Your Dream has Come true! And Thanks to my bro for your gesture:) Believe
Marco
(Der „bro" ist Mario Götze, der Marcos Trikot bei der Überreichung des WM-Pokals in die Kameras zeigte – welch eine Geste!)

Unsere Jungs von 1 bis 23:

Nr. 1:   Manuel Neuer:
Es ist unglaublich. Auch die Leute, die nicht gespielt haben, haben so einen Zusammenhalt in die Mannschaft gebracht. Das ist der Grund, warum wir Weltmeister geworden sind. Da muss man auch an die Spieler denken, die wegen Verletzungen nicht dabei waren. Die sind auch Weltmeister. Ganz Deutschland ist Weltmeister. Es geht nicht um mich, es geht um die Mannschaft. Wir werden irgendwann aufhören zu feiern. Aber wir werden jeden Tag mit einem Grinsen aufstehen.

Nr. 2:   Kevin Großkreutz:
Diesen Titel kann mir keiner mehr nehmen.

Nr. 3: Matthias Ginter:
Nach dieser sehr langen und ereignisreichen Saison mache ich jetzt erst einmal Urlaub und danach freue ich mich auf den verwirklichten Traum Borussia Dortmund.

Nr. 4: Benedikt Höwedes:
Für mich ist das unfassbar und großartig zugleich.

Nr. 5: Mats Hummels:
Jeder hat sich komplett aufgeopfert für den Erfolg. Ich empfinde Freude und Leere zugleich. Der WM-Titel ist das Größte in der Karriere eines Fußballers. Vielleicht nicht das sportlich schwierigste, aber das Größte."

Nr. 6: Sami Khedira:
Ich bin drei Monate durch die Hölle gegangen, habe mich komplett in einem kleinen Dorf abgeschottet, um ein Ziel zu erreichen: Weltmeister in Brasilien zu werden. Es hat sich gelohnt.

Nr. 7: Bastian Schweinsteiger:
Wir genießen den Moment unglaublich. Danke an ganz Deutschland für die Unterstützung, wir haben sie hier in Brasilien stets gespürt. Ganz spezieller Gruß an jemanden, ohne den wir alle nicht hier wären: Uli Hoeneß. Vielen Dank für die Unterstützung; wir glauben daran, dass alles gut wird und unterstützen Sie sehr.

Nr. 8: Mesut Özil:
Da wir die WM nicht wegen unserer Elf, sondern wegen unserem starken Kader gewonnen haben, werde ich die Zahl nun auf 23 erhöhen. Damit will ich mich auch noch einmal persönlich für die Gastfreundschaft in Brasilien bedanken."
(Özil kündigte an, 23 Kindern notwendige Operationen zu bezahlen.)

Nr. 9: André Schürrle:
Dieser Pokal ist so unglaublich schön, wie er glänzt. Unglaublich, jetzt will ich einfach nur feiern. Wir werden keine Sekunde schlafen, komplett durchmachen, direkt in den Flieger und dann in Berlin mit den Fans feiern. Und dann noch einige Wochen weiter feiern.

Nr. 10: Lukas Podolski:
Vor zehn Jahren sind Schweini und ich mit dem Auto zur U21 gefahren, jetzt stehen wir hier als Weltmeister – unglaublich.

Nr. 11: Miro(slav) Klose:
Es war immer mein Traum, einmal da oben zu stehen und runterzuschauen . Wahnsinn!
(über die Pokalüberreichung im Maracana-Stadion)

Nr. 12: Ron-Robert Zieler:
Ein Wahnsinn! Danke Deutschland für die großartige Unterstützung. Weltmeister - geiles Gefühl! Stolz auf diese tolle Mannschaft!
(in Facebook)

Nr. 13: Thomas Müller:
Des intressiert mi ois ned, der Scheißdregg. Weltmeister samma – den Pott hamma. Den Scheißdregg 'Goidna Schua' konnst da hinda d'Ohrn schmiern."
(auf die auf Englisch gestellte Frage nach der verpassten Torjägerkrone)

Nr. 14: Julian Draxler (auf Twitter):
Die Nr. 1 der Welt sind wir.

Nr. 15: Erik Durm:
Good morning, guys! Danke für all die Glückwünsche und die Unterstützung. Ihr seid auch Weltmeister!
(auf Twitter)

Nr. 16: Philipp Lahm:
Man muss die beste Mannschaft haben, nicht die besten Einzelspieler.

Nr. 17: Per Mertesacker:
Wat woll'n Sie jetzt von mir? Glauben Sie, unter den letzten 16 ist irgendwie eine Karnevalstruppe? Ich verstehe die ganze Fragerei nicht. Ich lege mich jetzt erstmal für drei Tage in die Eistonne.
(Per Mertesacker nach dem 2:1 im Achtelfinale gegen Algerien zu ZDF-Reporter Boris Büchler; dieses Zitat musste einfach sein!)

Nr. 18: Toni Kroos:
Weltmeister ist man für immer! Das freut mich natürlich sehr und macht mich stolz.Schließlich ist das der größte Titel, den man als Fußballer gewinnen kann.

Nr. 19: Mario Götze:
Es ist ein unglaubliches Gefühl. Es ist unbeschreiblich. Gerade für mich, wenn man das Tor schießt. Man begreift das eigentlich gar nicht. Nun ist ein Traum in Erfüllung gegangen. Es ist wirklich wie im Traum. Ich fühle mich überglücklich.

Nr. 20: Jerome Boateng:
Das Gefühl ist Freude pur. Ganz Deutschland ist stolz auf uns. Wir haben gewusst, dass es nicht so wie gegen Brasilien laufen wird. Wir hatten mehr Luft, deshalb wusste ich, dass wir es noch schaffen. Jeder darf auf meinen Schultern tanzen!

Nr. 21: Shkodran Mustafi:
Das Gute ist, dass ich jetzt die Italiener ein bisschen ärgern kann. Bis jetzt musste ich mir immer anhören, dass wir einen Stern weniger haben. Jetzt kann ich ein bisschen austeilen.

Nr. 22: Roman Weidenfeller:
Weltmeister! Ich bin unheimlich stolz, diesen Pokal gewonnen zu haben. Wahnsinn, ich kann es immer noch nicht realisieren. So spät in meiner Karriere auf den Flieger aufzuspringen und dann noch mit dem Pokal im Gepäck nach Deutschland zu fliegen. Es war eine grandiose Zeit in Brasilien. Ich möchte mich bei den Menschen in Brasilien für die Gastfreundlichkeit bedanken.
(auf facebook)

Nr. 23: Kramer Christoph:
Schiri, ist das das Finale? ... Danke, das ist wichtig zu wissen.
(während des Endspiels nach heftigem Zusammenprall)
An viel kann ich mich nicht erinnern, aber das ist auch egal jetzt. Ich muss einen Gruß an meine Oma senden, die hatte Geburtstag, und ich habe sie nicht erreicht.
(nach dem Endspiel)

Und noch ein paar Sprüche von der WM 2014

Adidas-Werbespruch vor dem Endspiel:
Nur noch kurze Zeit erhältlich – Deutschland-Trikot mit 3 Sternen.

Beckenbauer Franz:
Der Sieger des Endspiels wird Weltmeister.

Bento Paulo:
Abgesehen von den ersten fünf Minuten haben wir nie in das Spiel gefunden.
(Portugals Teamchef nach der 0:4-Niederlage gegen Deutschland)

Boateng Kevin-Prince:
Dann hat er wenigstens eine Ausrede. Ich hab keine.
(Nach seiner Auswechslung, nachdem er erfahren hatte, dass sein Halbbruder verletzt ebenfalls ausgewechselt worden war)

Dempsey Clint:
Wir sind Amerikaner. Ich denke, wir mögen es auf die harte Tour.
(nach dem unglücklichen 2:2 gegen Portugal)

Diaz Marcelo, chilenischer Nationalspieler:
Wir sind nicht die Talentiertesten, aber wir haben eine Qualität: Wir spielen mit dem Herzen.

diMaria Angel:
Wir haben unsere Seele auf dem Platz gelassen, alles gegeben. Wir müssen jetzt so weitermachen und bereit sein, unser Leben auf dem Platz zu geben.

Effenberg Stefan:
Die Ausführung war mangelhaft. Damit gehste bei Let´s Dance nicht in die zweite Runde.
(Über den deutschen Freistoß-Hinfall-Trick gegen Algerien)

Elber Giovanne:
Ab heute gibt es kein Tic-Tac-Spiel mehr.
(Als ARD-Experte zum Ausscheiden Spaniens mit seiner „Tiki-Taka" gennannten Spielweise)

Flick, Hansi:
Ein guter Anfang braucht Begeisterung, ein gutes Ende Disziplin.

Gauck Joachim, Bundespräsident:
Ich habe so gezittert und wurde immer besorgter. Gott sei Dank hat es dann noch geklappt.

Gerrard Steven:
Brasilien hat Neymar. Argentinien hat Messi. Portugal hat Ronaldo. Deutschland hat ein Team.

Gonzalez Omar (Der US-Verteidiger zu den Motivationskünsten von US-Teamchef Jürgen Klinsmann):
Wenn du vor einem Spiel in der Kabine sitzt und denkst: Heute kannst du nicht gewinnen, dann kommt er und gibt uns all seine Erfahrung weiter. Danach glaubst du, jeden Gegner der Welt schlagen zu können.

Herzog Andi (Österreichs Rekordnationalspieler und Co-Tainer im US-Team, vor der WM):
Ich muss ganz ehrlich sagen, momentan ist keine Mannschaft gut genug, dass sie Weltmeister werden sollte. Alle haben größere Probleme.

Hitzfeld Ottmar:
Manchester United.
(Schweizer National- und Ex-Bayern-Trainer auf die Frage nach Erfahrungen mit Toren in der Nachspielzeit)

Hummels Mats:
Bis auf die Mallorca-Urlauber ist man das als Deutscher ja nicht gewohnt, jeden Tag bei 30 Grad rumzurennen.

Hummels Mats:
Für uns war wichtig, das Spiel konzentriert zu Ende zu spielen und nicht irgendwelche Tricks zu zeigen."
(Nach dem 7:1 gegen Brasilien)

Huntelaar Klaas-Jan:
Der Druck war weg.
(Nach seinem Elfmetertor in der 94. Minute, nachdem er kurz vor seiner Einwechslung zur Toilette gespurtet war)

Juncker Jean-Claude,
Präsident der EU-Kommission:
Luxemburg hat noch niemals 7:1 gegen Deutschland verloren.

Kahn Oliver:
Das war eine kollektive Implosion. Das war das totale Versagen einer ganzen Mannschaft von der ersten bis zur letzten Minute."
(als ZDF-Experte zum 7:1-Sieg über Brasilien)

Keshi Stephen, Nationaltrainer Nigerias:
Messi ist vom Jupiter.

Klinsmann Jürgen:
Ich habe mir meine drei- oder viermal gebrochen. Das ist nicht so schlimm."
(Der US-Trainer über seinen Stürmer Clint Dempsey, der mit gebrochener Nase spielte)

Klinsmann Jürgen:
Es ist keine Zeit für Freundschaftsanrufe, jetzt geht es ums Geschäft."
(Vor dem Spiel gegen seinen ehemaligen Co-Trainer Jogi Löw)

Klinsmann Jürgen:
YES YES YES !!! JOGI YOU DID IT !!! HUGE COMPLIMENT TO ARGENTINA, BUT THE BEST TEAM WON THE 2014 WORLD CUP! (auf Twitter)

Klose Miroslav:
Du machst zwei Sprints und suchst das Sauerstoffzelt.
(Über die Temperaturen beim Spiel gegen Ghana)

Köhler Uli:
Der lebende Wischmopp wird einlaufen.
(Der Sky-ModeratorUli über Dante)

Lahm Philipp:
Man kann nicht davon ausgehen, dass man in einem Halbfinale oder Finale nach 30 Minuten schon 5:0 führt.

Lineker Gary:
Diese Tage ohne Fußball sind Mist!
(Am ersten spielfreien Tag)

Lineker Gary:
Wer hätte gedacht, dass wir schon raus sind, bevor Deutschland überhaupt zum zweiten Mal gespielt hat.
(Als TV-Experte zum Ausscheiden des englischen Teams)

Lineker Gary:
Verdammt typisch. Was haben diese Römer jemals für uns getan?
(über Italien, das mit einem Sieg gegen Costa Rica Englands Ausscheiden hätten verhindern können)

Lloris Hugo, Frankreichs Torwart:
Wir dürfen nicht in Brand geraten. Der Weg ist lang.

Maradona Diego:
Diese beiden kommen aus dem Museum, um zu sprechen, und sagen dumme Dinge, weil sie zwei Idioten sind.
(über Pele und Franz Beckenbauer, die die FIFA-Strafe gegen Luis Suarez als angemessen einschätzten)

Mirallas Kevin, belgischer Nationalspieler:
Kia und Hyundai
(Auf die Frage, welche Spieler von Gegner Südkorea er kenne).

Müller Thomas:
Da war ich leider beim Duschen.
(Zur Ansprache von Kanzlerin Angela Merkel in der deutschen Kabine)
Müller Thomas:
Ich hoffe, dass es nicht blöd ausgesehen hat und ich mich gut aus der Affäre gezogen habe.
(Nachdem er nach einer Kopfattacke von Pepe k.o. ging)

Müller Thomas:
Es war schon wie in einer Grillbude. Da merkt man erstmal, was für ein faszinierendes Gebilde ein Kaktus ist, da nicht einzugehen."
(nach dem Halbfinale im Maracana-Stadion von Rio)

Müller Thomas:
Es ist nicht mein Ziel, Torschützenkönig zu werden. Es ist mein Ziel, Weltmeister zu werden.

Müller Thomas:
Wir wollten nicht Hacke-Spitze-1-2-3 oder so einen Käse spielen.

Neville Gary:
Er ist ein Straßenfußballer in dem Sinne, dass er jede Sekunde des Tages spielen will.
(Der englische Co-Trainer über Wayne Rooney)

Niersbach Wolfgang:
Ich sehe nicht die Gefahr, dass die Schiedsrichter durch das mehrfache Bücken im Spiel einen Hexenschuss kriegen.
(Der DFB-Präsident über den Einsatz des Freistoß-Sprays)

Nowitzki Dirk:
Weltmeister!!!!! Freu mich wahnsinnig fuer die Jungs! Super Mannschaftsleistung ueber das ganze Turnier. (auf Twitter)

Obama Barack:
Wir werden das alles schneller gewinnen, als die Welt denkt."
(Der damalige US-Präsident nach dem knappen Ausscheiden gegen Belgien auf die Frage nach den Perspektiven der Nationalelf)
.

Parreira Carlos Alberto:
Das war ein Tsunami, der da über uns herein gebrochen ist.
(Brasiliens Technischer Direktor nach dem das 1:7 gegen Deutschland)

Peixoto Delfim:
Alles war schlecht. Ich möchte nicht darüber sprechen, um nichts Dummes zu sagen, aber eines kann ich versichern: Nie wieder wird Felipe mit einer brasilianischen Auswahl zusammen sein. Er wird nie wieder zurückkehren. Er ist eine Last, eine Schande.
(Der Vizepräsident des brasilianischen Fußballverbands über Trainer Felipe Scolari)

Pele:
Ich habe immer gesagt, dass Fußball eine Kiste voller Überraschungen ist. Mit diesem Ergebnis hatte keiner gerechnet.
(nach dem 1:7_Debakel gegen Deutschland)

Pflaume Kai:
Argentinien hat einen Messi, wir haben ein Team.

Pinto Jorge Luis, Teamchef Costa Ricas:
Sei realistisch, aber denke groß.

Podolski Lukas:
Sie hat gesagt, dass sie zum Finale wieder kommt.
(nach dem Kabinenbesuch von Angela Merkel nach dem Portugal-Spiel)

Ronaldo Christiano:
Ich bin nur zu Hause der Chef. Nur zu Hause.
(Auf die Frage, ob er in der portugiesischen Mannschaft der Chef sei)

Queiroz Carlos:
Den Kleinen auszuschalten wird sehr schwierig werden.
(Irans Nationaltrainer über Lionel Messi)

Rethy Bela:
Der Libero ist wieder zurück in Deutschland! Er feiert seine Wiedergeburt und er heißt Manuel Neuer.
(Nach dem Spiel gegen Algerien).

Sabella Alejandro:
Fußball ist der unlogischste Sport von allen. Das macht ihn so schön.
(Argentiniens Nationaltrainer nach dem 7:1 Deutschlands gegen Brasilien)

Sabella Alejandro:
Ein Gramm Neutronen ist wichtiger als ein Kilo Muskeln.
(über die Bedeutung mentaler Stärke in den K.o.-Spielen)

Sabella Aljandro:
Nicht einmal zwei Torhüter hätten Lionels Tor verhindern können.
(Argentiniens Nationaltrainer nach dem Messi-Tor gegen den Iran)

Sabella Alejandro:
Messi bekam den Ball und hat ihn nie, fast nie verloren. Das ist Wasser in der Wüste, Wasser in der Wüste, und Leo hat uns dieses Wasser in der Wüste gegeben.
(Argentiniens Trainer über Lionel Messi)

Sanchez Alexis, Stümer Chiles:
Ich glaube, dass Chile die WM gewinnt. Würde ich das nicht glauben, könnte ich auch zu Hause bleiben und fernsehen.

Scholl Mehmet:
Ich hab' eine Gänsehautentzündung.

Schweinsteiger Bastian:
Das war heute ein riesiger Kampf, meine Beine sind im Arsch.

Schweinsteiger Bastian:
Ich bin der Meinung, dass die Mannschaft den Titel holt, die einen intelligenten Trainer hat.

Scolari Luiz Felipe (brasilianischer Nationaltrainer):
Ich bevorzuge Spanien, die sind nicht mehr hier.
(auf die Frage, ob ihm im als Achtelfinalgegner Chile oder die Niederlande lieber wären)

Scolari Luiz Felipe (auf Fragen nach der Aufstellung):
Ihr könnt euch eine eigene Aufstellung ausdenken. Das Problem ist: Ihr habt keinen Einfluss darauf, was ich denke."

Scolari Luiz Felipe:
Wir hatten sechs Minuten einen totalen Kurzschluss. Aber vergesst nicht, dass Brasilien erstmals seit 2002 wieder in einem Halbfinale stand.
(nach dem 1:7 gegen Deutschland).

Simon Streffen:
Neymar hat einen Schuss wie ein Pferd.

Suarez Luis:
Es war ein normaler Zweikampf. Ich habe mir an den Zähnen weh-
getan.
(nach seiner Beiß-Attacke im Spiel gegen Italien)

Suarez Luis Fernando, Nationaltrainer Honduras:
Ich denke, wir werden die Unterstützung des Publikums haben, weil
wir das Aschenputtel in unserer Gruppe sind, und normalerweise
unterstützen die Leute das schwächere Team.

Tabarez Oscar:
Es geht um die WM, nicht um die Moral.
(Uruguays Nationaltrainer nach der Beiß-Attacke von Luis Suarez
im Spiel gegen Italien)

van Gaal Louis:
Am ärgerlichsten ist, dass ich dem argentinischen Tormann in Alk-
maar beigebracht habe, wie man Elfmeter hält.

van Marwijk Bert (holländischer Ex-Nationaltrainer):
Er ist unglaublich fit. Ich bin eigentlich schrecklich neidisch auf den
Arjen Robben von heute.

Verstegen Mark:
The Manu has defined the modern game of the Torwart.
(Der DFB-Fitnesscoach über Manuel Neuer)

Wilmots Marc:
Ich habe ihnen gesagt: Morgen gibt es zwei Flüge. Einen nach
Hause und einen nach Brasilia. Welchen wollt ihr?
(Belgiens Nationaltrainer auf die Frage, wie er seine Spieler vor
dem Achtelfinale gegen die USA motiviert habe)

Wilmots Marc:
Ich spreche sowieso nicht mit dem Schiedsrichter. Er soll pfeifen,
nicht reden. Ich würde mich über einen algerischen Schiedsrichter
nur beschweren, wenn wir gegen Algerien spielen.

Nun – genug geschwelgt in Erinnerungen. Wenden wir uns dem zu, was dieses Buch eigentlich wiedergeben will: Die coolsten, beklopptesten, lustigsten, philosophischsten oder was auch immer Fußballsprüche; meine Top-777 eben.

Fußballerspielers Weisheiten

Unfassbare Erkenntnisse

Aussagen von Fußballern sind überwiegend geprägt von existenziell-philosophischen Grundgedanken, die in jeder Formulierung deutlich werden. Hier ist kein Platz für leere Worthülsen oder Phrasendrescherei, hier wird filigran formuliert. Mein Leben und ich, wir beide haben dadurch unfassbare Bereicherung erfahren, mein Dasein wurde lebenswerter, meine Existenz mit Sinn erfüllt. Was könnte für unser Leben hilfreicher sein als so wunderbar tief blickende Erkenntnisse wie Andi Brehmes wohl formuliertes „Haste Scheiße am Fuß, haste Scheiße am Fuß" oder Fabrizio Heyer, der „auch nicht weiß, wo bei uns der Wurm hängt".
Aber was rede – bzw. schreibe – ich. Lesen und lachen Sie selbst:

Ailton:
Es ist einfacher, Tore zu schießen, als den deutschen Führerschein zu machen.

Bassett Dave:
Und ich glaube wirklich, dass wir es bis ins Endspiel schaffen können, es sei denn, wir verlieren vorher.

Bobic Fredi:
Man darf jetzt nicht alles so schlecht reden, wie es war.

Brehme Andreas:
Zum Glück ist die Mannschaft nach dem Spiel besser ins Spiel gekommen.

Brehme Andreas:
Haste Scheiße am Fuß, haste Scheiße am Fuß!

Breitner Paul:
Sie sollen nicht glauben, dass sie Brasilianer sind, nur weil sie aus Brasilien kommen.

Brooking Trevor:
Glücklicherweise war die Verletzung von Paul Scholes nicht so schlimm wie wir erst gehofft hatten.

Buchwald Guido:
Ich habe 'ne Oberschenkelzerrung im linken Fuß.

Dickel Norbert (über einen Mitspieler):
Der ist mit allen Abwassern gewaschen.

Fanz Reinhold:
Wenn man keine Tore macht, ist's ganz schwer, ein Spiel zu gewinnen.

Fjörtoft Jan-Aage:
Magaths Training ist wie ein Zahnarzttermin. Man fürchtet sich vorher, aber danach fühlt man sich besser.

Funk Patrick:
Links ist ähnlich wie rechts, nur auf der anderen Seite.
(zu seiner fußballerischen Vielseitigkeit)

Gans Lothar:
Wir hatten jetzt 6 Siege ohne Spiel.

Golz Richard:
Ich habe nie an unserer Chancenlosigkeit gezweifelt.

Hayer Fabrizio:
Ich weiß auch nicht, wo bei uns der Wurm hängt.

Hrubesch Horst:
Wenn wir alle schlagen, können wir es schaffen.

Immel Eike:
Im Großen und Ganzen war es ein Spiel, das, wenn es anders läuft, auch anders hätte ausgehen können.

Kahn Oliver (nach einem abgepfiffenen Handtor im gegnerischen(!) Strafraum):
Ich dachte der Torwart darf im Strafraum die Hände benutzen.

Klose Miroslav:
Das einzige Problem war, glaube ich, heute der Wind, der hat uns ein bisschen in die Bresche gesprungen.

Körbel Karl-Heinz:
Die Eintracht ist vom Pech begünstigt.

Kruse Axel (auf die Frage, was sich ändern muss, damit seine Mannschaft wieder gewinnt):
Die Gegner spielen mit fünf Mann, wir mit elf.

Legat Torsten (auf die Frage, er gern Spätzle isst):
Die hab ich noch nicht probiert, aber im Allgemeinen mag ich Geflügel.

Legat Torsten:
Es war toll, es war klasse, es war wie ein Albtraum.

Lehmann Jens:
Wenn der Ball so aufgesprungen wäre, wie ich gedacht habe, hätte ich ihn gehalten, glaube ich.

Lehmann Jens(auf die Frage, was beim Dopingtest herausgekommen ist):
Urin.

Lineker Gary:
Fußball ist ein Spiel von 22 Leuten, die einem Ball nachlaufen, und am Ende gewinnt immer Deutschland.

Littbarski Pierre (über Trainerentlassungen):
Lieber ein Ende mit Schrecken, als ein Schrecken mit Ende.

Lorenzo Peter:
Hodge traf nach 22 Sekunden und stellte damit den Spielverlauf auf den Kopf.

Maric Tomislav:
Im Fußball bist du entweder Gott oder Bratwurst.

Marwood Brian:
Es sind noch 45 Minuten zu spielen. Ich denken, das gilt für beide Teams.

Matthäus Lothar:
Es ist wichtig, dass man neunzig Minuten mit voller Konzentration an das nächste Spiel denkt.

Matthäus Lothar:
Ich hab gleich gemerkt, da ist ein Druckschmerz, wenn man drauf drückt.

Matthäus Lothar:
Ja, der Rücken ist die Achillesferse des Körpers.

Matthäus Lothar:
Wir dürfen jetzt nicht den Sand in den Kopf stecken.

Moore Brian:
Newcastle, na klar, ungeschlagen bei seinen letzten fünf Siegen.

Moore Brian:
Rosenborg hat 66 Spiele gewonnen, und sie haben in jedem getroffen!

Nachtweih Norbert (über Dieter Hoeneß):
Der springt so hoch; wenn der wieder runterkommt, liegt auf seiner Glatze Schnee.

Podolski Lukas:
Wir müssen jetzt die Köpfe hochkrempeln...und die Ärmel auch.

Preetz Michael:
Da war dann jeder Treffer ein Tor.

Probst Ernst:
Das Wichtigste beim Fußballspiel ist der Gegner. Keiner mag ihn, aber ohne ihn geht´s nicht los.

Prödl Sebatian:
Unser Weg führt nur über die Zukunft.

Rehmer Marco:
Wir sind hierher gefahren und haben gesagt: Okay, wenn wir verlieren, fahren wir wieder nach Hause.

Robson Bryan:
Würden wir jede Woche so spielen, wären unsere Leistungen nicht so schwankend.

Rufer Sascha:
Stancovic hat die Zukunft noch vor sich.

Sammer Matthias:
Das nächste Spiel ist immer das nächste.

Scholl Mehmet (auf die Frage, wovor er Angst hat):
Vor Krieg und Oliver Kahn.

Scholl Mehmet (auf die Frage, was er im nächsten Lebern werden möchte):
Hund bei Uli Hoeneß.

Scholl Mehmet (als werdender Vater):
Es ist mir völlig egal, was es wird. Hauptsache, er ist gesund.

Scholl Mehmet (auf die Frage, wie es war, als Bundeskanzler Helmut Kohl in die Kabine kam):
Eng.

Scholl Mehmet:
Ich sehe mich eher als Spieler in einer Position, die es gar nicht gibt.

Scholl Mehmet:
Die schönsten Tore sind diejenigen, bei denen der Ball schön flach oben rein geht.

Scholl Mehmet (auf die Frage, was er dem rumänischen Spieler Hagi sagen werde):
Gesundheit!

Schwarz Danny:
In den entscheidenden Momenten hat uns einfach das Pech gefehlt!

Spörl Harald (nach einer 1:2-Niederlage):
Das war ein typisches 0:0-Spiel.

Walter Fritz (auf die Frage, wie seine Frau heiße):
Auch Walter!

Wegmann Jürgen:
Heute hat das Glück gefehlt, und dann kam auch noch Pech dazu.

Weinzierl Markus (bei seiner Vorstellung als neuer Trainer des FC Schalke 04;):
Ich habe bei der Wohnungssuche schon eine Absage bekommen, weil der Vermieter einen langfristigen Mieter haben wollte.
(Weinzierl wurde nach einer Saison entlassen.)

Fußballspielers Selbsterkenntnis –
Wer bin ich und was will ich?

Wenn Selbsterkenntnis tatsächlich der erste Weg zur Besserung ist, müssen Fußballer gute Menschen sein. Oh Mann – wer sich da alles selbst erkennt! Und wie! Besonders beeindruckend erscheint mir das Lebensfazit des englischen Fußball-Genies George Best, der „viel Geld für Alkohol, Weiber und schnelle Autos ausgegeben" und „den Rest einfach verprasst" hat.
Rein fußballerisch beeindruckt die Vielseitigkeit von Christian Ziege, der von sich behauptet, er sei der „linke, mittlere, defensive Offensivspieler" gewesen.
Aber lesen Sie auch hier selbst, welche Erkenntnisse Fußballspieler über sich selbst gewinnen:

Ailton:
Wenn ich Trainer wäre und hätte einen Ailton in der Mannschaft, würde Ailton immer 90 Minuten spielen. In jedem Spiel.

Asamoah Gerald:
Ich denke deutsch. Ich sehe nur ein bisschen anders aus.

Basler Mario:
Im ersten Moment war ich nicht nur glücklich. ein Tor geschossen zu haben, sondern auch, dass der Ball reinging.

Baumgart Steffen (auf die Journalistenfrage, ob er vor dem *Gegner die Hosen voll habe):*
Keine Ahnung, ich hab' nicht nachgeschaut.

Best George:
Ich habe viel von meinem Geld für Alkohol, Weiber und schnelle Autos ausgegeben. Den Rest habe ich einfach verprasst.

Brdaric Thomas:
Ich habe nie die Verzweiflung verloren.

Breitner Paul:
Da kam dann das Elfmeterschießen. Wir hatten alle die Hosen voll, aber bei mir liefs ganz flüssig.

Breitner Paul:
Ich habe nur immer meinen Finger in Wunden gelegt, die sonst unter den Tisch gekehrt worden wären.

Effenberg Stefan (zu Oliver Kahns Platzverweis nach Handtor im gegnerischen Strafraum):
Das war die erste gelb-rote Karte gegen uns, bei der ich grinsen musste.

Elber Giovane:
Der Trainer fordert von mir, ich solle einfach spielen. Aber einfach spielen ist so grausam.

Elber Giovane:
Zum Wohle der Mannschaft kann ich nicht nur machen, was der Trainer will.

Fischer Klaus (auf die Frage nach seinem Lieblingsbuch):
Ich lese keine Bücher.

Fjörtoft Jan-Aage:
Ich bin der ex-beliebteste Spieler der Eintracht.

Fjörtoft Jan-Aage:
Der Trainer hatte nach den ganzen Ausfällen im Angriff nur noch die Wahl zwischen mir und dem Busfahrer. Da der Busfahrer seine Schuhe nicht dabei hatte, habe ich gespielt.

Gascoigne Paul:
Ich mache nie Voraussagen und werde das auch niemals tun.

Häßler Thomas (über den neuen, sehr tiefen Rasen des Westfalenstadions):
Eine Drehung mehr, und ich wäre im Rasen verschwunden.

Herzog Andreas (als er bei Bayern häufig früh ausgewechselt wurde):
Ab der 60. Minute wird Fußball erst richtig schön. Aber da bin ich immer schon unter der Dusche.

Hollerbach Bernd:
An mir kommt entweder der Ball oder der Gegner vorbei. Aber niemals beide.

Holtby Lewis:
Ich möchte ja auch Titel gewinnen!
(auf die Frage, warum er für die deutsche Nationalmannschaft und nicht für die englische spielen möchte):

Hopp Joachim (zu seiner Rolle als Ersatzspieler):
Man muss sehen, dass man keine Pickel am Arsch kriegt und was unterschieben.

Hrubesch Horst:
Da hab ich gedacht, ich tu ihn ihm rein in ihm sein Tor.

Jeremies Jens:
Ich mache immer das, was mir gesagt wird. Das habe ich im Osten gelernt.

Kahn Oliver:
Das einzige Tier zu Hause bin ich.

Kahn Oliver:
Heute hätte ich meine Sporttasche ins Tor stellen können, dann hätten wir zwei Stück weniger gekriegt.

Kirsten Ulf:
Wenn bei einem Auswärtsspiel keiner ruft: "Kirsten, du Arschloch", dann weiß ich genau, dass ich schlecht bin.

Klopp Jürgen:
Wir sind ein Kopp und ein Arsch, im positivsten aller Sinne.
(über sich und seinen Co-Trainer Zeljko Buvac)

Klopp Jürgen:
Mit schlechtem Fußball habe ich mich lange genug rumgeschlagen – mit meinem eigenen.

Klopp Jürgen: *Ich kucke ja meistens so, als hätte ich nicht alle Latten am Zaun!*

Klopp Jürgen:
Ich habe es in meiner aktiven Karriere leider nicht geschafft, auf dem Platz das zu bringen, was sich in meinem Gehirn abgespielt hat. Ich hatte das Talent für die Landesliga und den Kopf für die Bundesliga – herausgekommen ist die zweite Liga.

Kostedde Erwin:
Ich möchte nie mehr arbeiten, sondern nur noch am Tresen stehen und saufen.

Kruse Axel (nach einem 13-sekündigen Einsatz):
Für mich war es wichtig zu sehen, dass ich konditionell mithalten konnte.

Kruse Axel:
Ich werde in der 85. Minute eingewechselt, von einem Wolfsburger angeschossen, der Ball prallt von meinem Kopf ins Tor - und ich bin der Held.

Kuffour Samuel:
Wenn wir holen drei Titel, dann ich Chef in Ghana.

Landgraf Willi (gefragt, ob er schon einmal Step-Aerobic versucht hat):
Jung, ich komm aus Bottrop - da wirße getötet, wenne dat inne Muckibude machs!

Legat Torsten
Verstärken können die sich, aber nicht auf der rechten Seite. Da bin ich. Ich komm ausm Pott. Mein Vater war auf der Hütte. Wenn ich wieder fit bin, zeig ich denen, wat malochen heißt.

Lineker Gary:
Ich habe nie eine Torchance überhastet vergeben. Lieber habe ich sie vertändelt.

Löring Jean (als Präsident von Fortuna Köln):
Ich als Verein musste ja reagieren.

Makanaky Cyrill:
Ich habe zu lange überlegt, ob ich schießen oder abspielen soll. Und als ich dann geschossen habe, hatte ich mich eigentlich schon entschieden, abzugeben.

Maradona Diego Armando:
(auf die Frage, ob er das entscheidende Tor im WM-Viertelfinale gegen England bei der WM '86 mit der Hand erzielt habe):
Es war die Hand Gottes.

Matthäus Lothar:
Manchmal spreche ich zuviel.

Matthäus Lothar:
Ich denke nicht langfristig. Auf mich könnte ein Trainer- oder Managerjob zukommen. Bundestrainer - das reizt mich erst in drei, fünf oder zehn Jahren. Vielleicht.

Matthäus Lothar:
Jeder, der mich kennt und der mich reden gehört hat, weiß genau, dass ich bald Englisch in sechs oder auch schon in vier Wochen so gut spreche und Interviews geben kann, die jeder Deutsche versteht

Metzelder Christoph:
Zuletzt hatte ich Probleme mit einem eingeklemmten Nerv an der Sehne. Das ist aber kein Problem.

Möller Andreas;
Mein Problem ist, dass ich immer sehr selbstkritisch bin, auch mir selbst gegenüber.

Müller Hansi:
Es stört mich nicht, dass in Deutschland ein paar hunderttausend Wellensittiche "Hansi" heißen.

Neuer Manuel (nach seinem ersten Spiel für Bayern München):
Alle waren zufrieden mit mir. Ich darf wiederkommen.

Nowotny Jens:
Ich bewerte die Zukunft des deutschen Fußballs positiv. Weniger Einsatz, weniger Wille, weniger Bereitschaft geht nicht mehr.

Papon Bert (auf der Pressekonferenz nach einer 0:7-Nieder-lage):
Irgendwelche Fragen, bevor ich gehe und mich aufhänge?

Polster Toni:
Ich bin Optimist. Sogar meine Blutgruppe ist positiv.

Polster Toni:
Das ist Wahnsinn! Da gibt's Spieler im Team, die laufen noch weniger als ich!

Polster Toni (auf die Frage, was er im Management von Borussia Mönchengladbach machen werde):
Das, was ich die letzten zwanzig Jahre schon gemacht habe: Mich wichtig machen und deppert daherreden.

Polster Toni:
Ein Denkmal will ich nicht sein, darauf scheißen ja nur die Tauben.

Rehhagel Otto:
Jeder kann sagen, was ich will.

Ribery Franck (über seinen Verein Bayern München):
ich will hier nicht mehr weg. Ich wurde noch nirgendwo so sehr geliebt!

Roembiak Lody (auf die Frage, ob er in einer Krise stecke):
Das ist eine blöde Quatschfrage, die ich nicht mehr beantworte. Wenn sie jemand stellt, laufe ich weg.

Rufer Wynton (nach einem Fallrückziehertor eines Mitspielers):
Als ich das mal versucht habe, trug ich danach drei Wochen eine Halskrause.

Rufer Sascha:
Die Stimmung auf den Rängen kommt mir vor wie bei der Einweihung einer Kläranlage.

Sammer Matthias:
Ich habe nichts gegen Elfmeterschießen, solange ich nicht antreten muss. Ich kann mich nämlich nicht entscheiden. Ich mag beide Ecken.

Schaaf Thomas:
Dass mein Haar gut liegt, ich trage es schließlich offen.
(Der fast kahlköpfige Trainer auf die Frage, was ihm besonders wichtig sei)

Schwan Robert (erster hauptberuflicher Manager des FC Bayern):
Es gibt nur zwei wirklich intelligente Menschen auf der Welt. Schwan am Vormittag und Schwan am Nachmittag.

Shearer Alan:
Ich möchte diesen Verein nie verlassen. Ich möchte bis zu meinem Lebensende hier bleiben und am liebsten noch darüber hinaus.

Sparwasser Jürgen:
Wenn man auf meinen Grabstein eines Tages nur "Hamburg 74" schreibt, weiß jeder, wer da liegt.

Völler Rudi:
Was meine Frisur betrifft, da bin ich Realist.

Wohlfarth Franz (Österreichs verletzter Torwart nach einer 0:9 Niederlage gegen Spanien):
Mit mir in absoluter Hochform hätte es ein 0:8 gegeben.

Yeboah Anthony (nachdem er nachgetreten hatte):
Ich wollte den Ball treffen, aber der Ball war nicht da.

Zickler Alexander (war in der 60. Minute ein- und sieben Minuten später verletzt wieder ausgewechselt worden):
Mir hat die Kraft gefehlt, ich konnte nicht mehr.

Deutsch Sprache – schwere Sprache

Deutsche Sprache – schwere Sprache; ein altbekannter Spruch, der zum einen volle Berechtigung hat und zum anderen keineswegs nur von Nicht-Deutsch-Muttersprachlern untermauert wird. Oh nein, denn da wird steht schon mal „ein hartes Programm ins Gesicht" (Andreas Brehme). Aber was solls - manchmal muss einfach einer „die Hand ins Heft nehmen" (Thomas Helmer).

Ballack Michael:
Keiner verliert ungern.

Ballack Michael (als Spieler bei Bayern München):
Die jungen Leute sprechen schon gut Hochdeutsch. Die älteren sprechen oft so sehr Bayerisch, dass ich sie nicht verstehe. Ich nicke dann einfach.

Basler Mario (auf die Frage, wie er sich mit dem Franzosen Djorkaeff verständigt):
Ich lerne nicht extra Französisch für Spieler, wo unsere Sprache nicht mächtig sind.

Brehme Andreas:
Uns steht ein hartes Programm ins Gesicht.

Calmund Rainer:
Der krempelt die Arme hoch.

Daum Christoph:
Mir ist es egal, ob es ein Brasilianer, Pole, Kroate, Norddeutscher oder Süddeutscher ist. Die Leistung entscheidet, nicht irgendeine Blutgruppe.

Faßbender Heribert:
Und jetzt skandieren die Fans wieder: Türkiye, Türkiye. Was so viel heißt wie Türkei, Türkei.

Hageleit Jochen:
Er spielte ohne Tal und Fehdel.

Helmer Thomas:
Da muss dann mal einer die Hand ins Heft nehmen.

Hrubesch Horst (befragt zur Entstehung eines Kopfballtors):
Manni Bananenflanke, ich Kopf, Tor!

Köstner Lorenz-Günther:
Wir haben fehlende Cleverness vermissen lassen.

Kürten Dieter:
Die Stadt ist schwarz von Menschen in orange.

Legat Torsten (auf seine Che Guevara-Tätowierung angesprochen):
Che Guevara war ein Rebell, ein Kämpfer für sein Land. Das will ich auch sein. Ich will den Schwachen helfen. Das ist im Fußball genauso, da muss man den schwachen Gegner auch aufbauen. Das ist so eine eigene Logik von mir, dazu will ich gar nicht viel mehr sagen.

Legat Torsten (auf einen Vereinswechsel angesprochen):
Ich glaube nicht, dass mir der Verein Steine in den Vertrag legt.

Mejer Eric:
Nichts ist scheißer als Platz zwei.

.

Polster Toni:
Ich grüße meinen Vater, meine Mutter und besonders meine Eltern.

Rausch Friedel:
Ich will jetzt nicht noch zusätzlich Feuer ins Öl gießen.

Stiel Jörg:
Wir dürfen uns nicht selbst Salz in die Augen streuen.

Töpperwien Rolf:
Dies ist überlebensnotwichtig für den Verein.

Trappatoni Giaovanni:
Fußball ist Ding, Dang, Dong. Es gibt nicht nur Ding.

Andere Länder – andere Sitten – andere Sprachen

Wer gebildet ist, kennt andere Länder, kennt andere Sitten, kennt andere Sprachen. Natürlich gibt es unter Fußballern gebildete und auch andere. Auch welche, die Fremdsprachen beherrschen. Oder es zumindest meinen. Und fremde Länder kennen. Ob man es nun „im Adrenalin hat" wie Kevin Großkreutz oder „prima in die Mannschaft intrigiert" wurde wie Torsten Legat – Hauptsache bleibt doch, „We have a littlebit lucky", um es mit Rekordnationalspieler Lothar Matthäus zu sagen!

Basler Mario:
Das habe ich ihm dann auch verbal gesagt

Großkreutz Kevin
Das hatte ich im Adrenalin.

Häßler Thomas:
Ich bin körperlich und physisch topfit.

Krankl Hans:
Ich habe bei der WM in Frankreich keine Probleme mit der Verständigung, ich kann kein Französisch.

Kuzorra Ernst (als er dem König von Schweden erklärte, wo Gelsenkirchen liegt):
Bei Schalke.

Legat Thorsten:
Ich bin prima in die Mannschaft intrigiert worden:

Matthäus Lothar (nach seinem Wechsel nach New York):
I hope we have a littlebit lucky.

Matthäus Lothar
Maybe we will winning the American soccer championchips.

Matthäus Lothar
I look not back, I look in front.

Möller Andreas:
Mailand oder Madrid - Hauptsache Italien!

Scholl Mehmet:
Ich fliege irgendwo in den Süden - vielleicht Kanada oder so.

Wegmann Jürgen (auf die Frage, ob er nächste Saison beim FC Basel spiele):
Ich habe immer gesagt, dass ich niemals nach Österreich wechseln würde.

Weidenfeller Romann:
We have a grandios Saison gespielt.

Fremdwörter zeugen von Prominenz – äh – Potenz, nein, Kompetenz!

Mit Fremdwörtern kann man toll angeben, keine Frage. Doof ist, wenn man nur so ungefähr weiß, was sie bedeuten. Andererseits – ob man sich nun integriert oder intrigiert, ob es um eine Konzentration geht oder um eine Konservation, ob Zwei ein Trio sind oder ein Quartett, ob man jemanden touchiert oder retuschiert, ob Infusion oder Invasion, Elipse oder Epilepsie, Quantität oder Qualität, Option oder Obduktion – eigentlich ist das alles doch egal, wenn man gut Fußball spielt, oder?

Baumgart Steffen:
Klar haben wir genügend Potenz für die Bundesliga.
Deisler Sebastian (nach seinem ersten Länderspiel):
Ich hoffe, dass dieses Spiel nicht mein einziges Debüt bleibt.

Happel Ernst:
Wann i des Wort Motivation hör, wird ma schlecht.

Hrubesch Horst:
Das muss ich jetzt erstmal paroli passieren lassen.

Krankl Hans:
Wir müssen gewinnen, alles andere ist primär.

Legat Thorsten (bei einer Pressekonferenz zu seiner Teilnahme am „Dschungel-Camp"):
Der Sinn und Zweck war, da habe ich mich beirren lassen von meiner Kompetenz, was ich nie getan habe.

Lottner Dirk:
Da herrschte plötzlich Konfusität im eigenen Strafraum.

Möller Andreas:
Ich hatte vom Feeling her ein gutes Gefühl.

Möller Andreas:
Das ist ein Depremierung.

Netzer Günter:
Im Mittelfeld gibt es eine Konservation von Spielern

Pacult Peter:
Der FC Tirol hat eine Obduktion auf mich.

Ribbeck, Erich:
Grundsätzlich werde ich versuchen zu erkennen, ob die subjektiv geäußerten Meinungen subjektiv oder objektiv sind. Wenn sie subjektiv sind, werde ich an meinen objektiven festhalten. Wenn sie objektiv sind, werde ich überlegen und vielleicht die objektiven subjektiv geäußerten Meinungen der Spieler mit in meine objektiven einfließen lassen.

Riedle Karl-Heinz:
Es war eine lange, kraftraubende Saison und ich werde mich erst mal regen..., reneger... - ich fahr erst mal in Urlaub.

Rummenigge Karl-Heinz:
Das war nicht ganz unrisikovoll.

Rummenigge Karl-Heinz:
Das war eine gefährliche Parabole aufs Tor.

Rummenigge, Karl-Heinz
Die Flugbahn des Balles beschreibt eine Epilepsie.

Schön, Helmut
Da gehe ich mit Ihnen ganz chloroform.

Stielike, Uli
Das Problem des deutschen Fußballs ist der Mangel an Quantität der Qualität.

Thon Olaf:
Ich habe ihn nur ganz leicht retuschiert.

Völler Rudi (über Leverkusen-Manager Rainer Calmund):
Ja gut, der arbeitet von morgens bis abends. Ja gut, so was nennt man im Volksmund, glaube ich, Alcoholic.

Walter Fritz:
Die Sanitäter haben mir sofort eine Invasion gelegt.

Walter Fritz:
Der Jürgen Klinsmann und ich, wir sind ein gutes Trio; äh, ich meinte, ein gutes Quartett.

Die Tücken der Mathematik

Zahlen sind nicht jedermanns und auch nicht jeden Fußballers Sache. Aber wenn man Fußball spielen kann, hat man ja Berater, die sich um die Zahlen kümmern. Zumindest um die Zahlen in den Verträgen und auf den Geldscheinen. Aber die Spieler kümmern sich oft genug auch selbst um Zahlen, wenngleich es mancher lieber lassen sollte. Andererseits blieben uns dann Erkenntnisse verborgen wie die von Torsten Legat, dass die Chancen „70 zu 50" stehen oder die Forderung von Horst Szymaniak bei Vertragsverhandlungen, bei denen er empört eine Erhöhung der Bezüge um ein Drittel ablehnte und „mindestens ein Viertel" forderte.
Mehr Zahlenzauber nachfolgend:

Anderbrügge Ingo:
Das Tor gehört zu 70 % mir und zu 40 % Marc Wilmots.

Brinkmann Ansgar:
Gerade habe ich 800 Mark für Schampus ausgegeben und immer noch 2,5 Millionen auf der Bank.

Brooking Trevor:
So ist Fußball. Nordirland hatte Tausende von Chancen, und sie haben nicht getroffen - England hatte keine Chance und traf zwei Mal.

Effenberg Stefan (auf die Frage nach einer Verletzungspause, wieviel Prozent seines Leistungsvermögens er nach Verletzungspause abrufen könne):
2 bis 3 Prozent.

Gullit Ruud:
Wir haben 99 % des Spiels beherrscht. Die übrigen 3 % waren schuld daran, dass wir verloren haben.

Hansch Werner:
Ja, Statistiken. Aber welche Statistik stimmt schon? Nach der Statistik ist jeder vierte Mensch ein Chinese, aber hier spielt gar kein Chinese mit.

Hoeneß Uli:
Ich glaube nicht, dass wir das Spiel verloren hätten, wenn es 1:1 ausgegangen wäre.

Kahn Oliver:
Ich denke, wenn wir zu Null gespielt haben, haben wir ganz selten verloren.

Klinsmann Jürgen (über David Villa)
Einfach traumhaft, wie er eins gegen eins geht – gegen zwei Leute.

Legat Torsten:
Unsere Chancen stehen 70:50.

Matthäus Lothar:
Ein Lothar Matthäus braucht keine dritte Person. Er kommt sehr gut allein zurecht.

Pelé:
Ich denke, dass Deutschland, Frankreich, Spanien, Holland und England im Halbfinale auf Brasilien treffen werden.

Polster Toni (nach einer vergebenen Torchance):
Ich kann nicht mehr als schießen. Außerdem standen da 40 Leute auf der Linie.

Reitmeier Claus:
Wir waren in der ersten Halbzeit über 90 Minuten die überlegene Mannschaft.

Schweinsteiger Bastian:
Shanghai hat 22 Millionen Einwohner, so viele gibt es ja in Europa fast nicht.

Stanislawski Holger:
Die drei gehören zusammen wie siamesische Zwillinge.
(als ZDF-Experte über das Sturmtrio der Belgier bei der Europameisterschaft 2016)

Szymaniak Horst:
Ein Drittel mehr Geld? Nee, ich will mindestens ein Viertel.

Völler Rudi:
Zu 50 Prozent stehen wir im Viertelfinale, aber die halbe Miete ist das noch nicht!

Wohlfarth Roland:
Zwei Chancen, ein Tor: Das nenne ich hundertprozentige Chancenauswertung.

Das >Wir-Gefühl< -
Fußball ist ein Mannschaftssport

Fußball ist ein Mannschaftssport: „Alle für einen – einer für alle!"
„Elf Freunde müsst ihr sein." „Jeder ist sich selbst der Nächste." Äh
– ne – der passt nicht. Oder doch? Kluge Sprüche über das „Wir"
im Fußball gibts viele. Doofe auch. Beweise? Klar. Lesen Sie unten. Wichtig war: Die Rede muss von „wir" oder von „uns" sein.

Bassett Dave:
*Ich glaube wirklich, dass wir es bis ins Endspiel schaffen können,
es sei denn, wir verlieren vorher.*

Golz Richard:
*Wir sind nicht ins Spiel reingekommen, durchschnittlich dringeblie-
ben und schlecht hinten rausgekommen.*

Golz Richard:
*Ich glaube, wir haben zum ersten Mal seit Christi Geburt ein Spiel
umgebogen.*

Golz Richard (auf die Frage, was beim als „Studentenclub" be-
zeichneten SC Freiburg anders sei als bei anderen Vereinen):
*Vor lauter Philosophieren über Schopenhauer kommen wir gar
nicht mehr zum Trainieren.*

Häßler Thomas:
*Wir wollten kein Gegentor kassieren. Das hat auch bis zum Gegen-
tor ganz gut geklappt.*

Hölzenbein Bernd:
*Unser Training war so geheim, dass wir manchmal selbst nicht
zuschauen durften.*

Jeremies Jens:
*Ich weiß auch nicht, woran es liegt, dass wir immer, wenn wir füh-
ren oder zurückliegen, doch noch verlieren.*

Kahn Oliver (auf die Frage, wie man die Krise beheben könnte):

Irgendwann mal wieder gewinnen, und das versuchen wir zu probieren.

Kahn Oliver (über Peter Schmeichel, seinen Torwartkollegen):
Wir brüllen beide so laut, dass wir uns übers Spielfeld unterhalten können.

Kruse Axel (als er für Berlin Thunder Football spielte):
Beim Football muss man nicht ins Tor schießen, sondern drüber. Das konnte ich schon immer ganz gut.

Matthäus Lothar (nach dem gewonnenen WM-Finale 1990):
Wir sind natürlich froh, das Finale verloren zu haben.

Rost Frank:
Es hat ja schon vor dem Spiel eine Harmoniestrategie gegeben. Es hat nur noch gefehlt, dass wir in rosa Röckchen aufgelaufen wären.

Wegmann Jürgen:
Zuerst hatten wir kein Glück, und dann kam auch noch Pech dazu.
Rolf Rüßmann:
Wenn wir hier nicht gewinnen, dann treten wir ihnen wenigstens den Rasen kaputt.

Stein Uli (zum Wechsel von Andreas Möller zu Juventus Turin):
Wir sind die einzige Mannschaft, die durch einen Abgang stärker geworden ist.

Unser Freund, der Schiedsrichter

Natürlich ist der Schiedsrichter nicht immer der Freund des Fußballspielers. Und schon gar des Trainers. Trotz dieser relativen Unbeliebtheit vermehren sich die Männer in Schwarz, die längst nicht mehr nur in Schwarz antreten, stetig; inzwischen sind es vier pro Spiel, oft kommen auch noch zwei Torlinienrichter dazu. Und Sie habens wahrlich nicht leicht. Was für uns Zuschauer nach der sechsundzwanzigsten Zeitlupe noch immer kein Abseits ist, sollen sie in Bruchteilen von Sekunden richtig entscheiden. Wollen wir hoffen, dass die sich anbahnenden technischen Hilfsmittel Abhilfe schaffen. Obwohl – „Holzarme" (F. Mill) und „taube Pfeifen" (H. Baumgartner) würden dann der Vergangenheit angehören – und eigentlich wollen wir das nicht wirklich, oder?

Baumgartner Hubert:
Die Pfeife des Schiedsrichters blieb taub.

Brehme Andreas:
Wenn der Mann in Schwarz pfeift, kann der Schiedsrichter auch nichts mehr ändern.

Häßler Thomas (über die Schiedsrichterassistenten):
Denen wurde anscheinend kalt da draußen. Da haben sie halt hin und wieder die Fahne gehoben, damit sie nicht einfrieren.

Matthäus Lothar (gefragt nach Plänen nach der Fußballkarriere):
Schiedsrichter kommt für mich nicht in Frage, schon eher etwas, was mit Fußball zu tun hat.

Meijer Eric (zum Linienrichter):
Wenn du so gerne das Fähnchen schwenkst, dann such dir doch einen Job am Flughafen.

Meijer Eric:
Ich habe den Schiedsrichter einen Mixer mit W genannt, dann bin ich vom Platz geflogen.

Polster Toni (nach einer Roten Karte zum Schiedsrichter):
Handkuss an die Frau Gemahlin!

Freundliches (?) über Kollegen

Ablästern über andere – wer hat das nicht schon mal genossen? Fußballprofis bilden da keine Ausnahme. Obwohl – es erscheint als besondere Gabe von Fußballern, sich hier in zweierlei Hinsicht hervorzutun: als Lästerer und als Lästeropfer. Manchmal, selten zwar, aber immerhin manchmal, gibt's auch Aussagen über Kollegen, die keine Lästereien sind. Aber – wie gesagt – selten! Und bisweilen – auch solche finden sich hier – gibt's auch die direkte Anrede des Mit- oder Gegenspielers. Legendär die Prophezeihung von Herbert Finken: „Mein Name ist Finken, und du wirst gleich hinken."

Basler Mario (zu Äußerungen von Lothar Matthäus):
Wenn Lothar so weitermacht, wird er Schwierigkeiten haben, für sein Abschiedsspiel gegen die Nationalelf eine Mannschaft zusammenzukriegen.

Basler Mario (über Christian Zieges Glatze):
Jetzt sieht er aus wie ein frisch lackierter Totalschaden.

Bein Uwe:
Die einzigen Techniker beim HSV vor der Ära von Trainer Pagelsdorf waren die Stadion-Elektriker.

Butt Hans-Jörg
Wenn Erfahrung viel zählen würde, müsste noch immer Sepp Maier im Tor stehen.

Dörfel Charlie (zu Uwe Seeler):
Dicker, wenn du noch länger meckerst, tret ich die Flanken 10 cm höher, dann kommst du gar nicht mehr ran.

Effenberg Stefan:
Netzers Kommentare sind so langweilig wie sein Haarschnitt.

Ettmayer Buffy:
So einer wie der Effenberg, der hätte in den 70er Jahren nicht gespielt, nicht die Koffer getragen, der hätte bestenfalls den Ball eingefettet.

Ibrahimovic Zlatan:
Nein, es war ganz ruhig. Andernfalls würde er nun im Krankenhaus liegen.
(auf die Frage, ob es im Duell mit Italiens Chiellini Tätlichkeiten gegeben habe)

Fjörtoft Jan-Aage:
Jörg Berger ist so ein guter Trainer, der hätte sogar die Titanic gerettet.

Fjörtoft Jan-Aage (auf die Frage, ob „Feuerwehrmann" Felix Magath auch die Titanic gerettet hätte):
Ich weiß nicht, ob er sie gerettet hätte, aber die Passagiere wären auf jeden Fall topfit gewesen.

Fjörtoft Jan-Aage (gefragt, warum er zu Eintracht Frankfurt wechsle):
Tore Pedersen ist ein sehr guter Freund. Ich bin jetzt hier, um für ihn eine Frau zu finden.

Hoeneß Uli (über Trainer Louis van Gaal):
Es hat bei uns keinen Sinn, dem Trainer reinzureden - dann macht er genau das Gegenteil.

Kahn Oliver (auf die Anmerkung, manche Experten hielten Jens Lehmann für den besseren Fußballer):
Es gibt auch Leute, die sagen, es gebe Außerirdische.

Kahn Oliver (nach seinem Halsbiss gegen Heiko Herrlich):
Der Trainer hat gesagt, wir sollen uns am Gegner festbeißen. Das habe ich versucht zu beherzigen

Möller Andreas:
Einige haben von einem recht guten Spiel gesprochen. Da frage ich mich, ob ich zum Augen- oder zum Ohrenarzt muss.
(Nach einer 1:3-Niederlage des BVB in Bielefeld)

Netzer Günter:
Jancker - hier nimmt er den Ball mit dem Rücken an.

Maier Sepp (gefragt, ob der russische Torhüter Lew Jaschin durch seine riesigen Hände einen Vorteil habe):
Im Gegenteil. Bei ihm ist der Ball im Verhältnis viel kleiner.

Polster Toni:
Als mein Landsmann Andreas Herzog 1992 von Wien nach Bremen ging, meinte der Bundesligatrainer Christoph Daum, entweder werde der Andi jetzt ein Fußballspieler oder er bleibe ein Österreicher.

Polster Toni:
Ich sag' oft zu meinen Mitspielern: Super, Junge, du hast einen Spitzenlaktatwert, aber du hast trotzdem ein Problem - dein größter Feind ist der Ball.

Scholl Mehmet:
Wie lange Lothar Matthäus mit seinen jetzt 38 Jahren noch spielt, ist für uns alle eine bewegende Frage. Bis zur Europameisterschaft im Juni ja mindestens. Wenn ich ihn und seine Fitness so sehe, würde ich sagen - warum nicht noch mit 60, wenn er das mit seinem Job als Bundeskanzler vereinbaren kann?

Subotic Neven:
Er muss ja nicht unbedingt dahin laufen, wo ich hingrätsche.

Thon Olaf (auf die Frage nach Otto Rehhagels Erfolgsrezept):
Rehhagel spielt im Training Acht gegen Acht, danach Acht gegen Acht und dann wieder Acht gegen Acht. Aber er gewinnt seine Spiele.

Geht's um Rassismus oder was?

In kaum einem Bereich des Lebens ist „Multukulti" so verbreitet und so selbstverständlich wie im Sport. Zum Glück! Wir finden in den Fußballligen unserer Republik Spielerinnen und Spieler aus allen Erdteilen und mit allen Hautfarben und könnten uns (wenn wir es könnten) in wohl hundert verschiedenen Sprachen unterhalten. Hier ist es wurscht, wo einer herkommt – hier zählt, ob er Fußballspielen kann. Genau so soll es sein! Und das Tollste daran: Wie manche unserer ausländischen Freunde selbst mit ihrem Ausländisch-Sein umgehen. Lesen Sie nur mal unten die ersten drei! Ich sage: Unfassbar selbstironisch und liebenswert! (Aber vergessen Sie vor lauter Begeisterung nicht, auch die anderen zu lesen.)

Asamoah Gerald:
Ich bin von allen deutschen Nationalspielern bisher am schwärzesten.

Baffoe Anthony (nach einer Gelben Karte zum Schiedsrichter):
Mann, wir Schwarzen müssen doch zusammenhalten!

Baffoe Anthony (zu einem weißen Gegenspieler):
Du kannst auf meiner Plantage arbeiten.

Breitner Paul:
Seit dem Sieg gegen Deutschland in Cordoba leben die Österreicher in dem Wahn, die nächsten 500 Jahre die besten Fußballer der Welt zu haben.

Häßler Thomas (über die Nationalmannschaft Südafrikas):
Wenn man sie spielen lässt, spielen sie einem ein drittes Nasenloch rein.

Koeman Ronald:
Die deutschen Spieler hören erst dann auf zu kämpfen, wenn sie im Bus sitzen.

Maradona Diego (über Schotten und Norweger):
Die haben viereckige Füße. Das sind Robocops.

Matthäus Lothar:
Der Serbe an sich ist leichtsinnig im Umgang mit Chancen.

Pfister Otto (zur problematischen Altersbestimmung bei Spielern aus Ghana):
Da hilft nur: Bein aufsägen und Jahresringe zählen.

Platini Michel (vor der WM 1994):
Wenn die Deutschen gut spielen, werden sie Weltmeister, wenn sie schlecht spielen, kommen sie ins Finale.

Schumacher Toni (zum Ausfall des Flutlichts während seines Abschiedsspiels in Köln):
Das hätte in der Türkei passieren dürfen, aber nicht in der zivilisierten Welt.

Yeboah Anthony (auf die Bemerkung, er wohne wie ein „deutscher Musterbürger"):
Soll ich etwa ein Lagerfeuer im Wohnzimmer machen?

Geht's um Sex oder was?

Jaaa!!! Endlich angekommen beim Thema Nummer zwei. (Nummer eins ist Fußball! Schließlich ist laut Bastian Schweinsteiger „Tore schießen wichtiger als Sex"!). Ja, es wird ein wenig schlüpfrig. Manchmal gewollt, manchmal nicht, aber auf jeden Fall ist das Ganze sehr amüsant. Und es geht keineswegs nur um Spielerfrauen!

Boateng Jerome:
Der Ball kam von der Seite scharf rein und ich hab ihn, naja, auf mein bestes Stück bekommen. Und damit hab ich den Ball dann Richtung Tor gelenkt.

Bobic Fredi:
Tore schießen ist besser als ein Orgasmus, weil da die Freude überall rauskommt.

Christiansen Thomas:
Ich möchte gern einen Sohn, aber dazu muss ich erst noch ein Tor bei meiner Frau machen. Das ist nicht so einfach wie in der Bundesliga.

Djorkaeff Youri (den ein Gegenspieler provokativ küsste, woraufhin er diesem eine knallte):
Ich musste ihm eine Ohrfeige geben. Wie hätte ich das sonst meiner Frau erklären sollen?

Hummels Mats:
Der Trainer hat gesagt, wir haben verloren, weil wir keine Eier hatten.

Jan-Aage Fjörtoft:
Ich halte nix von Sex vor dem Spiel, besonders, weil ich mir das Zimmer mit Salou teile.

Freund Steffen:
Es war ein wunderschöner Augenblick, als der Bundestrainer sagte: "Komm, Stefan, zieh deine Sachen aus, jetzt geht's los."

Kahn Oliver:
Eier! Wir brauchen Eier!

Kehl Sebastian (über Torwart Oliver Kahn):
Es war immer ein schönes Gefühl, den Olli hinten drin zu haben.

Koch Georg (über seine Mannschaftskameraden):
Wir lieben uns alle, und wenn wir keine Frauen hätten, wären wir auch miteinander verheiratet.

Kuzorra Ernst (nach dem Meisterschaftsfinale 1934 zum entscheidenden Tor in der letzten Minute):
Keiner war frei, da hab' ich die Pille einfach reingewixt.

Ljungberg Freddy:
Wenn ich in der Nacht vor einem Spiel Sex habe, verliere ich jegliches Gefühl in meinen Füßen.

Möller Andreas (auf den Vorwurf, er sei ein Weichei)):
Andere können sich ja vor dem Spiel die Eier hart kochen.

Pieckenhagen Martin:
Wir müssen jetzt den Arsch hochkriegen und Eier zeigen.

Podolski Lukas:
Ich denke, 80% von euch und ich kraulen sich auch mal an den Eiern.
(vor Journalisten zum, nun ja, sagen wir „Eingriff" von Bundestrainer Löw während des EM-Spiels gegen die Ukraine)

Polster Toni (nachdem sich sein Verhältnis zum Trainer merklich gebessert hatte):
Wir lassen uns beide von unseren Frauen scheiden und ziehen zusammen.

Scholl Mehmet:
Mich nerven Trainingslager. Weil ich am liebsten bei meiner Frau bin. Doch inzwischen bin ich genauso oft mit Helmer auf der Bude - aber immer mit dem Hintern zur Wand.

Scholl Mehmet:
Ich werde nie Golf spielen. Erstens ist das für mich kein Sport und zweitens habe ich noch Sex.

Schweinsteiger Bastian:
Tore schießen ist mir wichtiger als Sex.

Seeler Uwe:
Die Dreifachbelastung kann er nicht mehr schaffen – er ist ja jetzt verheiratet.
(anlässlich der Hochzeit von Bastian Schweinsteiger und Tennisspielerin Ana Ivanovic)

Thomforde Klaus:
In der ersten Liga die Bälle zu halten find ich total geil. Da geht mir voll einer ab!

Völler Rudi:
Wenn von hinten nichts kommt, sind wir die einsamsten Leute auf dem Platz.

Wuttke Wolfram:
Immer, wenn ich breit bin, werde ich spitz.

Fußballspielers Frauenbild

Haben Sie schon mal eine nicht hübsche Spielerfrau gesehen? Ich auch nicht. Dass dabei nicht in allen Fällen das beeindruckende äußere Erscheinungsbild korrespondiert mit ebenso beeindruckenden intellektuellen Fähigkeiten, lassen wir einfach mal so im Raum stehen. Ist doch eigentlich auch egal, oder? Oder nicht? Auf jeden Fall hoch interessant: Was Fußballspieler so von sich geben bezüglich des weiblichen Geschlechts. Und ganz sicher findet es nicht bloß Franz Beckenbauer „großartig, dass sich die Frauen immer mehr vermehren in der Bundesliga."

Asamoah Gerald (nachdem er einige Pfunde abgenommen hatte):
Meine Frau ist noch in Ghana. Deswegen gibt es nicht so viel zu essen. Ich hoffe, sie bleibt noch lange.

Beckenbauer, Franz
Ich finde es großartig, dass sich die Frauen immer mehr vermehren in der Bundesliga.

Doll Thomas:
Ich brauche keinen Butler. Ich habe eine junge Frau!

Häßler Thomas:
Herzlichen Glückwunsch an Marco Kurz. Seine Frau ist zum zweiten Mal Vater geworden.

Scholl Mehmet:
Ich hatte noch nie Streit mit meiner Frau. Bis auf das eine Mal, als sie mit aufs Hochzeitsfoto wollte.

Scholl Mehmet (auf die Frage nach seinem Traumberuf):
Spielerfrau.

Weisheiten von Trainern, Managern und anderen, naja, Experten

Unfassbare Erkenntnisse

Ahmann Erhard:
Fußball ist kein Nonnen-Hockey.

Allofs Klaus:
Jetzt müssen wir dem Vorsprung schon wieder hinterher laufen.

Atkinson Ron:
Ich wage mal eine Prognose: Es könnte so oder so ausgehen.

Augenthaler Klaus:
Fußball ist nur schön, wenn du hinterher einen Verband hast und nicht nach zehn Minuten gefönt bist.

Beckenbauer Franz:
Ja gut, am Ergebnis wird sich nicht mehr viel ändern, es sei denn, es schießt einer ein Tor.

Beckenbauer Franz:
Wissen Sie, wer mir am meisten Leid tat? Der Ball.

Beckenbauer Franz:
Das ist Weltrekord in der Türkei.
(über die 14-jährige Amtszeit des Präsidenten von Besiktas Istanbul)

Beckenbauer Franz:
Die Löwen werden das Münchner Derby frühestens in 100 Jahren gewinnen.
(unmittelbar vor dem 1:0-Sieg von 1860 gegen Bayern am 27.11.1999)

Beckenbauer Franz:
Man kann jedes Spiel gewinnen, man kann auch jedes Spiel verlieren.

Beckenbauer Franz:
Es gibt nur eine Möglichkeit: Sieg, Unentschieden oder Niederlage.

Beckenbauer Franz:
Gesundheit ist das Wichtigste im Leben. Na fast: Die auf der Titanic waren alle gesund – aber sie hatten kein Glück.

Briegel Hans-Peter:
Überhaupt nicht. Ich wäre aber auch nicht überrascht gewesen, wenn Frau Rehhagel die Position übernommen hätte.
(auf die Frage, ob er überrascht sei, dass seine Stelle als Sportchef des 1. FC Kaiserslautern nicht neu besetzt werde)

Calmund Rainer:
Unter den Einäugigen ist der Dreibeinige der König.

Calmund Rainer:
Bei uns kann jeder Spieler eine Rolex tragen, Ferrari fahren und Gucci-Unterhosen tragen. Doch wenn er sich auszieht und spielt, muss er Dreck fressen.

Cramer Dettmar:
Der Ball ist der springende Punkt.

Cramer Dettmar:
Die Wahrscheinlichkeit, nicht Meister zu werden, ist größer als die Wahrscheinlichkeit, dem Abstieg zu entgehen

Cruyff Johan:
Die Holländer konnten schon immer besser quasseln als Fußball spielen.

Daum Christoph:
Wir haben ungefähr 27 Gruppen im Kader. Wir treten an unter der Prämisse der Artenvielfalt.

Daum Christoph (über einen Stinkefinger von Ulf Kirsten):
Er hat angezeigt, dass er in einer Minute ausgewechselt werden will.

Daum Christoph (über Gerhard Mayer-Vorfelder):
Der würde auch politisch gut mit Berti Vogts harmonisieren. Die sind beide so schwarz, dass sie im abgedunkelten Raum noch Schatten werfen.

de Mos Aad:
Ich spiele weiterhin mit Risiko. Schließlich profitieren alle davon: Wir, das Publikum und auch der Gegner.

Finke Volker:
Ich habe zwei verschiedene Halbzeiten gesehen.

Geyer Eduard:
Seit es diese bunten Schuhe gibt, silber, blau und so weiter, da glauben manche Spieler, die laufen von ganz alleine, wie der kleine Muck. Die haben doch ´n Ritzel an der Dattel.

Geyer Euard:
Ich kann doch nicht schon jetzt die Aufstellung vom nächsten Wochenende sagen. Der eine kriegt eine Grippe, beim anderen kriegt die Oma einen Zahn.

Happel Ernst:
Ein Tag ohne Fußball ist ein verlorener Tag.

Happel Ernst:
Jedes Spiel hat zwei Halbzeiten.

Happel Ernst:
Wenn wir die Kugel ham, hams die andern ned.

Herberger Sepp:
Fußball ist deshalb so spannend, weil niemand weiß, wie das Spiel ausgeht.

Herberger Sepp:
Wenn alle Vereine von Männern geführt würden, die eine Ahnung von Fußball hätten, ginge es dem Spiel besser. Trotzdem ist es so stark, dass es selbst die Dilettanten nicht kaputtmachen können.

Hitzfeld Ottmar:
Die Meisterschaft ist nie ein Selbstläufer, da steckt viel Arbeit drin. Sonst müsste Real Madrid ja jedes Jahr Deutscher Meister werden.

Höher Heinz (über ein zweiwöchiges Trainingslager auf Sylt):
Es hat nur zweimal geregnet: einmal fünf Tage, einmal acht Tage.

Hoeneß Uli:
Die Wahnsinnspreise zahlen wir sicherlich nicht, aber die mittleren Wahnsinnspreise könnte ich mir schon vorstellen.

Horvath Ivica:
Wenns kalt wird, legt euch einfach auf den Boden. Die haben hier eine Rasenheizung.

Jol Martin:
Wenn man mehr Tore schießt als der Gegner, kann man jedes Spiel gewinnen.

Klopp Jürgen:
Das war so großartig, die Leute freuen sich ein zweites Loch in den Allerwertesten.

Körbel Karl-Heinz (als er als Talentscout bei Eintracht Frankfurt anfing):
Ich hatte gedacht, dass die Eintracht schon etwas aufgebaut hat, aber ich war richtig erschrocken: Die hatten nur das Kicker-Sonderheft.

Krafft Manfred:
Meine Mannschaft ist 15 oder 16mal ins Abseits gerannt. Das haben wir die ganze Woche geübt.

Krauss Bernd:
Wir wollten unbedingt einen frühen Rückstand vermeiden. Das ist uns auch gelungen. Der VfB Stuttgart hat in den ersten zweieinhalb Minuten kein Tor geschossen.

Lattek Udo
Sie spielen taktisch gut, obwohl sie ohne Taktik spielen.

Lemke Willi:
Manche Vereine sparen und drehen die Mark zweimal um. Bei Werder wird sogar jeder Pfennig geröngt.

Lienen Ewald (nach fünf hintereinander verlorenen Spielen):
Wir sind auf dem richtigen Weg!

Lorant Gyula:
Der Ball ist rund. Wäre er eckig, wäre er ja ein Würfel.

Lorant Werner (über seine Autobiographie "Eine beinharte Story"):
Vieles, was darin geschrieben wurde, ist auch wahr.

Lorant Werner:
Ich wechsle nur aus, wenn sich einer das Bein bricht.

Magath Felix
Das Positive war, dass wir hinten zu Null gespielt haben. Das Negative war, dass wir auch vorne zu Null gespielt haben.

Magath Felix:
Es war von vornherein klar, dass Leverkusen die stärkere Mannschaft ist. Wir haben derzeit niemanden, der gegen Neuville hätte spielen können - außer mir vielleicht.

Maslo Uli:
Ich habe eine gute und eine schlechte Nachricht. Die schlechte: Der Trainingsplatz stand unter Wasser. Die gute: Es ist keiner ertrunken.

Meier Michael:
Sammer macht immer neue Fehler und nicht dieselben. Deshalb ist er ein guter Trainer.

Meier Michael:
Möller hat mit seinem Berater bei uns um mehr Geld gepokert, gleichzeitig gesagt, er stünde bei einem anderen Club im Wort. Dann hat er offenbart, dass er nach Schalke gehen will. Wir haben ihm nicht gesagt, dass er bekloppt ist. Aber gedacht haben wir es schon.

Meier Norbert (über die Möglichkeiten bei Fortuna Düsseldorf):
Man macht auch nicht in drei Tagen aus einer Würstchenbude eine Großraumdisco.

Merkel Max:
Eine Straßenbahn hat mehr Anhänger als Uerdingen.

Meyer Hans:
In schöner Regelmäßigkeit ist Fußball doch immer das Gleiche.

Middendorp Ernst (zu einem Reporter nach einem Auswärtssieg):
Knien Sie nieder, Sie Bratwurst!

Neururer Peter (auf die Frage nach seinen Plänen nach dem Wiederaufstieg):
Ich werde mir eine Schaf-Farm in Neuseeland kaufen und Schafswurst herstellen, um sie nach Bayern zu exportieren. Nee, mal im Ernst, was für eine blöde Frage ist das? Wie denkt man sich solche Fragen aus? Gibt man sein Hirn schon vor oder erst nach dem Journalistikstudium ab?

Rehhagel Otto:
Wir spielen am besten, wenn der Gegner nicht da ist.

Neururer Peter:
Wir fahren hin, hauen die weg und fahren wieder zurück.

Neururer Peter:
Das Gefühl ist eigentlich das gleiche wie vor dem Spiel, mit dem Unterschied, dass wir aus dieser riesigen Minimalchance, die kleiner nicht sein konnte, eine kleinere gemacht haben, die größer geworden ist.

Neururer Peter:
Kriminaltechnisch gesehen ist eine Heimniederlage wie ein Einbruch.

Neururer Peter (nach einer Niederlage):
Wir alle waren vorher überzeugt davon, dass wir das Spiel gewinnen können. So war auch das Auftreten meiner Mannschaft, zumindest in den ersten zwei Minuten.

Netzer Günther:
Der Pfosten ist ein Freund des Torwarts, auf den er sich nicht verlassen kann.

Pagelsdorf Frank:
Es hat sich gezeigt, das Haching gerade zuhause sehr heimstark ist.

Rausch Friedel (kurz bevor er mit dem Club völlig unerwartet abstieg):
Der Abstieg trifft sicher eine Mannschaft, die noch gar nicht damit rechnet.

Rehhagel Otto:
Mal verliert man und mal gewinnen die anderen.

Rehhagel Otto (über Querelen in der Lauterer Führungsetage):
Einige Leute müssen hier im Hintergrund ihre Profilneurosen ausleben. Wenn dieser kleinkarierte Käse so weitergeht, dann geh ich nach Sylt und bau Sandburgen.

Ribbeck Erich:
Für uns wäre es besser gewesen, wenn wir heute gewonnen hätten.

Ribbeck Erich:
Die beiden haben nicht mehr gezeigt, als man von ihnen gesehen hat.

Ribbeck Erich:
Die Hitze kann für die deutschen Spieler sogar ein Vorteil sein. An einem Urlaubsort sieht man in der Mittagshitze auch immer nur Deutsche draußen, also kommen wir mit der Temperatur sogar besser zurecht.

Ribbeck Erich:
Muss ich das jetzt als Frage verstehen oder die Antwort so beantworten, wie Sie sie in ihre Frage reingelegt haben? Ihre Frage ist so gestellt, dass ich das Gefühl haben muss, als wenn ich das, was Sie gerade gesagt haben, vorher schon gesagt hätte. Das habe ich aber nicht gesagt. Dem, was ich gesagt habe, möchte ich nichts hinzufügen.

Ristic Aleksander:
Wollen Sie ein Interview machen oder Fragen stellen?

Robson Bobby:
Die ersten 90 Minuten sind die schwersten.

Rummenigge Karl-Heinz:
So bleibt es beim 0:0 - aus unserer Sicht gesehen.

Rummenigge Karl-Heinz:
Wenn man über rechts kommt, muss die hintere Mitte links wandern, da es sonst vorn Einbrüche gibt.

Rüssmann, Rolf (zur Unterstützung durch Rennfahrer Heinz-Harald Frentzen im Abstiegskampf):
Unser Busfahrer ist in glänzender Form. Frentzen wird es schwer haben, ihn von seinem Platz zu verdrängen.

Sammer Matthias (gefragt, ob 25 Millionen für Rosicky nicht zu viel seien):
Wir wollten ihn ja eigentlich umsonst haben, aber Prag wollte das nicht.

Schehr Ralf (der HSV-Übergangstrainer nach zwei unentschiedenen Spielen):
Ich bin glücklich darüber, dass ich der einzige ungeschlagene Bundesliga-Trainer bleibe.

Schulte Helmut:
Das größte Problem beim Fußball sind die Spieler. Wenn wir die abschaffen könnten, wäre alles gut.

Schulte Helmut:
Wer hinten steht, hat das Pech der Glücklosen.

Shankly Bill:
Manche Leute halten Fußball für eine Sache von Leben und Tod. Ich bin von dieser Einstellung sehr enttäuscht. Ich kann Ihnen versichern, er ist sehr viel wichtiger als das!

Stepanovic Dragoslav (auf eine Reporterfrage, was die nächste Woche bringe):
Montag, Dienstag, Mittwoch, Donnerstag...

Stepanovic Dragoslav:
Was der Rudi Bommer heute mit seinen 800 Jahren geleistet hat, war schon phänomenal.

Thielen Karl-Heinz:
Erstes Ziel ist es, die größten Flaschen zu verkaufen. Gibt es noch Pfand dafür, super. Gibt es nichts, auch gut.

Toppmöller Klaus:
Heute haben die Schwächeren gegen die Dümmeren gewonnen.

Tuchel Thomas (vor einem Spiel mit Mainz 05 gegen Bayern München):
Helfen würde uns ein schnelles Tor und ein schneller Abpfiff und vielleicht können wir ja den Mannschaftbus vor unserem Tor parken.

van Gaal Louis:
Ich bin ein intelligenter Trainer. Ich trainiere mehr fürs Köpfchen als für die Beine. Das ist schwierig für manche Spieler.

Venables Terri:
Ich denke, wenn die Geschichte sich wiederholt, können wir nochmal das gleiche erwarten.

Vogts Berti:
Ich glaube, dass der Spitzenreiter jederzeit den Tabellenführer schlagen kann.

Vogts Berti:
Wir haben ein Abstimmungsproblem. Das müssen wir automatisieren.

Vogts Berti:
Da wir nicht voll auf Niederlage spielen, spielen wir voll auf Sieg.

Selbsterkenntnis –
Wer bin ich und was will ich?

Cajkovski Tschik:
Ball rund, Stadion rund, ich rund.

Brdaric Thomas:
Ein 4:4 mit vier eigenen Toren ist mir wichtiger als ein 1:0-Sieg der Mannschaft.
Calmund Rainer (vor einer geplanten Abmagerungskur):
Ich möchte nicht als dickster Manager, der in der Bundesliga auf der Trainerbank sitzt, ins Guiness-Buch der Rekorde eingehen.

Calmund Rainer:
Freundschaften zählen für mich sehr, aber nicht in diesem Geschäft. Ich habe Jürgen Gelsdorf vor die Tür gesetzt, und der war sogar mein Trauzeuge.

Cendic Slobodan (zu einem seiner Spieler):
Du kannst nichts dafür, du nicht. Ich bin der Idiot, der dich aufgestellt hat.

Clough Brian (englischer Fußballspieler und -trainer):
I wouldn't say I was the best manager in the business. But I was in the top one.
(wird auch José Mourinho zugeschrieben)

Gerland Hermann:
Die haben doch heute Verletzungen, die gab es bei uns damals gar nicht.

Happel Ernst (nach seiner Meinung zum Hallenfußball befragt):
Da derfst ned rauchen, des halt i ned lang durch.

Heldt Horst:
Ich fahr' nach Hause und hau' mir die Hucke voll.
(Schalkes Sportvorstand nach seiner Entlassung)

Klopp Jürgen (nach einer Niederlage):
Beim ersten Interview war ich sehr enttäuscht. Beim zweiten zehn Minuten später ging es schon besser. Wenn ich noch eine halbe Stunde warte, dann habe ich wahrscheinlich das Gefühl, dass wir gewonnen haben.

Klopp Jürgen (bei seinem Wechsel nach Liverpool):
I'm the normal one.

Mourinho José:
I'm the special one.

Mourinho José:
Wenn ich einen einfachen Job gewollt hätte, dann wäre ich in Portugal geblieben – wunderschöne blaue Stühle, den Champions-League-Pokal, Gott und direkt hinter Gott: ich.

Neururer Peter
Wenn wir ein Quiz machen würden unter den Trainern in Deutschland, wer am meisten Ahnung hat von Trainingslehre und Psychologie, und der Trainer mit den besten Ergebnissen kriegt den besten Klub - dann wäre ich bald bei Real Madrid.

Neururer Peter
Ich habe früher auch die großen Philosophen gelesen. Doch dann habe ich gemerkt, dass die von meinem normalen Denken absolut abweichen. Jetzt lese ich nur noch Fußballfachbücher.

Podolski Lukas:
Ich denke nicht vor dem Tor. Das mache ich nie.

Rehhagel Otto:
Wozu braucht meine Mannschaft Doping? Sie hat ja mich.

Ribbeck Erich:
Manchmal denke ich, ich hätte während des Studiums in eine schlagende Verbindung gehen sollen, um mir das Gesicht ein bisschen entstellen zu lassen - vielleicht würde ich dann eher als Fachmann anerkannt.

Ristic Aleksander (als Trainer von Rot-Weiß Oberhausen):
Weisweiler und Happel sind tot, Hitzfeld ist bei den Bayern. RWO hat den besten Trainer, den man kriegen kann.

Scholl Mehmet:
Ich hatte Gehirnschluckauf.
(Entschuldigung für unsachliche Kritik an DFB-Chefscout Urs Siegenthaler)

Stoppelkamp Moritz:
Ich wusste nicht, dass ich überhaupt soweit schießen kann.
(nach seinem Bundesliga-Rekordtor aus 83 Metern)

Vogts Berti :
Wenn ich übers Wasser laufe, dann sagen meine Kritiker, nicht mal schwimmen kann er.

Deutsche Sprache – schwere Sprache

Beckenbauer Franz:
Der Grund war nicht die Ursache, sondern der Auslöser.

Franz Beckenbauer (über das WM-Finale 1990):
Damals hat die halbe Nation hinter dem Fernseher gestanden.

Beckenbauer Franz:
Kaiserslautern wird mit Sicherheit nicht ins blinde Messer laufen.

Beckenbauer Franz:
Wir sollten nicht alles ins Korn schmeißen.

Funkel Friedhelm:
Die Situation ist bedrohlich, aber nicht bedenklich.
Geyer Eduard:
Wir haben zu wenig Spiel ins Tempo gebracht.

Parkstadion Schalke, Hinweisschild.:
Zu die Pressetische.

Toppmöller Klaus:
Ich musste meine Jungs ins kalte Feuer werfen.

Trapattoni Giovanni:
Ich habe fertig.

Völler Rudi:
Man darf über ihn jetzt nicht das Knie brechen.

Vogts Berti:
Die Breite an der Spitze ist dichter geworden.

Andere Länder – andere Sitten – andere Sprachen

Franz Beckenbauer:
Die Schweden sind keine Holländer - das hat man ganz genau gesehen.

Hickersberger Josef (als Nationaltrainer Österreichs):
Wir haben nur unsere Stärken trainiert, deswegen war das Training heute nach 15 Minuten abgeschlossen.

Merkel Max:
Der Dettmar Cramer hat doch nur den Schwarzen im Senegal beigebracht, wie man Kakteen umdribbelt.

Rehhagel Otto:
Die von der südlichen Halbkugel, also, die mit dem braunhäutigen Blut...

Scala Nevio:
Italienische Profis beenden einen 100-m-Sprint gern nach 90 Metern. Bei deutschen muss man aufpassen, dass sie nicht 110 Meter rennen.

Schäfer Winfried (als Kamerun-Trainer über seine Spieler):
Die sprechen Englisch. Zum Teil alle.

Schumacher Toni:
Ich habe das Gefühl, England ist nicht mehr das Mutterland des Fußballs, eher das Großmutterland.

Fremdwörter zeugen von Prominenz – äh – Potenz, nein, Kompetenz

Assauer Rudi:
Das Wort >mental< gab es in meiner aktiven Zeit als Fußballer gar nicht. Es gab nur eine Zahnpasta, die so hieß.

Beckenbauer Franz
Je länger ich darüber nachdenke, desto definitiver stehe ich nicht zur Verfügung.

Die Tücken der Mathematik

Beckenbauer Franz:
Berkant Öktan ist erst siebzehn. Wenn er Glück hat, wird er nächsten Monat achtzehn.

Beckenbauer Franz:
Ich habe in einem Jahr 15 Monate durchgespielt.

Brehme Andreas:
Ich sage nur ein Wort: Vielen Dank!

Breitner Paul:
Bei dieser großen Anzahl von Fußballspielen müsste man heutzutage die 9-Tage-Woche erfinden.

Calmund Reiner:
Unsere Chancen, das Viertelfinale zu erreichen, stehen 50:50 oder 60:60.

Daum Christoph:
Man muss nicht immer die absolute Mehrheit hinter sich haben, manchmal reichen auch 51 Prozent.

Geyer Eduard:
Es muss eine Kehrtwende geben. Und die muss 360 Grad sein.

Hoeneß Uli:
Ich glaube nicht, dass wir das Spiel verloren hätten, wenn es 1:1 ausgegangen wäre.

Langner Fritz (Fußballspieler und Trainer):
Ihr Fünf spielt jetzt vier gegen drei.

Löw Joachim:
Die Mannschaft hatte eine Chance und hat zwei Tore erzielt.

Netzer Günter:
Die meisten Spiele, die 1:0 ausgingen, wurden gewonnen.

Rehhagel Otto (nach einer 0:4-Niederlage):
Wenn man 0:5 verliert, ist man immer am Boden zerstört.
Ristic Aleksander:
Wenn man ein 0:2 kassiert, dann ist ein 1:1 nicht mehr möglich.

Turnheer Beni (Schweizer Sportreporter):
Jetzt, Überzahl! Zwei gegen zwei!

Das >Wir-Gefühl< – Fußball ist ein Mannschaftssport

Calmund Reiner:
Wer jetzt noch von der Meisterschaft spricht, der muss ein Diplom von der Tanzschule für Traumtänzer kriegen.

Dietz Bernhard:
Wenn ich so sehe, welchen Zirkus ein Stefan Effenberg oder Mario Basler um die eigene Person veranstaltet, wird mir schwindlig. Früher hätten wir die im Training ein paar Mal richtig weggegrätscht - dann wäre Ruhe gewesen!

Faßbender Werner (als Geschäftsführer von Fortuna Düsseldorf, als anlässlich des Deutschen Katholikentages 50.000 Zuschauer im Stadion waren):
Am liebsten hätten wir alle Stadiontore zugemacht und die Leute bis zum HSV-Spiel drinbehalten.

71

Happel Ernst:
Ein Trainer ist nur wertvoll für die Mannschaft, wenn sie ihn akzeptiert. Tun die Spieler das, hängen sie an seinen Lippen, tun sie es nicht, hängt er ihnen zum Hals raus.

Körbel Karl-Heinz (als Trainer):
Den größten Fehler, den wir jetzt machen könnten, wäre, die Schuld beim Trainer zu suchen.

Klopp Jürgen (über einen seiner früheren Trainer):
Auf das Tor schießen war strengstens verboten, stattdessen mussten die Jungs mit dem Ball jonglieren. Nach einem halben Jahr hätten wir bei jeder Weihnachtsfeier als Seehunde auftreten können.

Klopp Jürgen (über den verletzten Mats Hummel):
Wir werden auf ihn warten wie eine gute Ehefrau, die auf ihren Mann wartet, der im Knast sitzt.

Kröner Rudi (nach einer 0:4-Klatsche):
Wir haben heute ein neues System kreiert: vorne zu- und hinten aufgemacht.

Lattek Udo:
Die Deckung hat Angst vor ihrem schwachen Torwart. Deshalb spielt sie so gut!

Lienen Ewald (zur Größe seines Kaders):
Wir können keine Verträge zerreißen oder Spieler erschießen.

Meyer Hans:
Wenn wir mit der Scheiß-Taktik jedes Auswärtsspiel gewinnen, wäre das doch richtig prima.

Neururer Peter (zum bevorstehenden Trainingslager):
Ihr könnt Eimer zum Kotzen mitnehmen.

Rangnick, Ralf (zur Kritik des damaligen niedersächsischen Ministerpräsidenten Gabriel):
Vielleicht hat auch das Verteidigungsministerium noch einen Vorschlag, wie wir unsere Abwehr verbessern können.

Schwinkendorf Jörg (Freiburger Spieler, nach einem Eigentor):
Bevor der Elber das Ding macht, habe ich mir gedacht, ich hau ihn lieber selbst rein.

Unser Freund, der Schiedsrichter

Daum Christoph (zur Leistung des Schiedsrichters):
Das ist so, als wenn dir einer ein Messer in den Bauch rammt, und du musst noch dabei lächeln.

de Mos Aad:
Auf Abseits zu spielen, ist in Deutschland sehr gefährlich. Die Spieler können das, aber die Linienrichter oft nicht.

Geyer Eduard:
Der Schiedsrichter hat sogar beim Husten eines Maulwurfs gepfiffen.

Klopp Jürgen (zu einem Tor in der Nachspielzeit)
Ich muss das Unentschieden auf meine Kappe nehmen. Der Schiedsrichter hat mir gesagt, er hätte eher abgepfiffen, wenn ich mir nicht so viel Zeit beim Auswechseln gelassen hätte

Lienen Ewald:
Wir haben nicht das Recht, jede Entscheidung des Schiedsrichters zu kommentieren. Der lacht sich ja auch nicht tot, wenn wir einen Fehlpass spielen.

Wagner Sandro:
Zum Schiedsrichter sage ich nichts. Bevor ich eine Geldstrafe bekomme, kaufe ich mir lieber eine schicke Uhr.

Über Spieler, Kollegen und andere Zeitgenossen

Assauer Rudi (über die Torgefährlichkeit seines Mittelfeldspielers Jiri Nemec):
Jiri möchte eigentlich keine Tore machen, weil er es hasst, umarmt zu werden und im Mittelpunkt zu stehen.

Assauer Rudi (über Franz Beckenbauer):
Er könnte 14 Tage vor der Wahl eine Partei gründen und würde dann Kanzler.

Assauer Rudi (der bei der Präsentation Ralf Rangnicks den neuen Schalker Trainer konsequent Rolf genannt hatte):
Es gibt so viele Trainer, die kommen und gehen. Irgendwann vergisst du mal die Vornamen.

Assauer, Rudi (über die Konsequenzen, wenn Lothar Matthäus die Nationalmannschaft übernommen hätte):
Dann hätte Schalke die Lizenzspielermannschaft aus der Bundesliga abgezogen und in Holland angemeldet.

Augenthaler Klaus:
Leverkusen ohne Calmund? Das kann man sich schon räumlich gar nicht vorstellen.

Franz Beckenbauers:
Das beste an der ersten Halbzeit war, dass Mario Basler nicht erfroren ist.
(in der Halbzeitpause eines Bayernspiels im Winter)

Beckenbauer Franz:
Ich weiß gar nicht, ob ich die überhaupt alle kenne, die da heute spielen...
(als Präsident über seinen FC Bayern München, als viele Stammspieler ausfielen)

Bonhof Rainer (auf die Frage, wie er verletzte Spieler ersetzen will):
Sylvester Stallone und Arnold Schwarzenegger in der Abwehr, Bruce Willis im Mittelfeld und Jean Claude van Damme im Sturm.

Briegel Hans-Peter (zur Ribbeck-Nachfolge bei Leverkusen):
Da macht man den Rudi Völler zum Kasper von Daum, und nun sucht man noch ein Kasperle für den Kasper. Unglaublich, was da geschieht!

Cajkovski Tschik (nach einem 1:8 in Dundee vor dem Heimflug):
Winschte, Maschine stirzt ab.

Calmund Reiner (über ein Eigentor eines seiner Spieler):
Das wäre manchem Stürmer schwergefallen, den reinzuschießen. Gut gemacht! Hätte nur noch gefehlt, dass er danach hochgesprungen wäre.

Daum Christoph:
Wer in Bochum von Strafraum zu Strafraum läuft und sich dabei nicht den Knöchel bricht, dem gebe ich einen aus.

Daum Christoph:
Einige Spieler wissen zwar, wer im Film „Star Trek" welche Rolle spielt, aber nicht, mit wem sie es im nächsten Spiel zu tun haben.

Dietz Bernhard:
Wenn ein 16jähriger, der mit Ach und Krach unfallfrei den Ball stoppen kann, mit 3 Beratern erscheint, um einen Millionenvertrag auszuhandeln, ertrage ich das einfach nicht.

Funkel Friedhelm (zur Forderung, sein Verein MSV Duisburg solle einmal einen absoluten Topspieler verpflichten):
Wenn ein solcher Spieler unser Trainingsgelände sieht, hat er schon keine Lust mehr.

Geyer Eduard:
Die Fans wollen solche Spiele nicht sehen, bei denen man erkennt, dass manche Spieler nachher kein Deo brauchen.

Happel Ernst (auf die Bitte eines Spielers um ein Gespräch):
Wann's redn wolln, miassns Staubsaugervertreter werden. Ich brauche nur Fußballer.

Herberger Sepp (zu Hans Schäfer bei der Siegesfeier nach dem WM-Gewinn 1954)
Hans, trinken Sie nicht so viel! In acht Wochen haben wir ein schweres Spiel in Brüssel gegen Belgien.

Hoeneß Uli (auf die Frage, ob Lothar Matthäus in der Zukunft eine Position bei Bayern München einnehmen könnte)
Solange Karl-Heinz Rummenigge und ich etwas beim FC Bayern zu sagen habe, wird er nicht einmal Greenkeeper im neuen Stadion.

Hoeneß Uli (auf die Frage, ob der er sich David Beckham beim FC Bayern vorstellen könne):
Es nützt dir nichts, einen zu holen, der immer bei Bravo Sport auf der Seite eins steht. Wir wollen einen haben, der beim Kicker auf Seite eins steht.

Hoeneß Uli (über Leverkusens Manager Reiner Calmund):
Der sagt zu allem irgendwas. Stoßen in Tschechien zwei Spieler mit dem Kopf zusammen, weiß er, dass das in Leverkusen 1934 auch schon passiert ist.

Köppel Horst:
Ich sehe in der Bundesliga Spieler, denen springt beim Stoppen der Ball weiter vom Fuß, als ich ihn jemals schießen konnte.

Klimaschewski Uwe:
Meine Spieler sind Intellektuelle. Die haben Maos Tod noch nicht verkraftet.

Klimaschewski Uwe:
Unsere Spieler können 50-Meter-Pässe spielen: 5 Meter weit und 45 Meter hoch.

Klimaschewski Uwe:
Weitere Fragen kann ich nicht beantworten. Ich muss jetzt zu meinen Spielern. Die sind so blind, dass sie den Weg von der Kabine zum Bus nicht finden.

Klopp Jürgen:
Ich mag Jogi – ich benutze sein Deo und sein Shampoo.

Lattek Udo:
Gegenüber der Leverkusener Vereinsführung ist der Baron von Münchhausen ein Wahrheitsfanatiker.

Lemke Willi (Antwort auf Reiner Calmunds Spruch: "Mann, Willi, du siehst ja echt aus, als sei eine Hungersnot ausgebrochen!"):
Und du siehst so aus, als seist du schuld dran!

Löw Joachim:
Was hat mal ein ganz großer Kollege von mir gesagt, Giovanni Trapattoni: Trainer ist kein Idiot!

Lorant Werner :
Erich Ribbeck ist vom Fußball so weit weg wie die Erde vom Mars.

Magath Felix:
Ich habe viel mit Mario Basler gemeinsam. Wir sind beide Fußballer, wir trinken beide gerne mal einen, ich allerdings erst nach der Arbeit.

Magath Felix (nach einem großen Sieg auf die Frage, ob er seiner Mannschaft jetzt frei gebe):
Ja, bis morgen früh um acht.

Merkel Max:
Basler ist die teuerste Parkuhr der Welt. Er steht rum - und die Bayern stopfen das Geld rein.

Merkel Max:
Udo Lattek haben sie das Blut abgenommen. Ergebnis: Reiner Alkohol, verschmutzt durch rote Blutkörperchen.

Merkel Max:
Im Training habe ich mal die Alkoholiker meiner Mannschaft gegen die Antialkoholiker spielen lassen. Die Alkoholiker gewannen 7:1. Da war's mir wurscht. Da hab i gsagt: Saufts weiter.

Merkel Max (über einen Spieler):
Der sollte von der Innsbrucker Universität ausgestellt werden. Einen Menschen mit so wenig Hirn gibt's ja gar net.

Netzer Günter (als HSV-Manager zu Präsident Klein über Vertragsverhandlungen mit Ernst Happel):
Brutto kennt der Alte nicht!

Neururer Peter (nach einer 0:7-Niederlage):
Das letzte Mal, dass ich so hoch verloren hab, war gegen meinen Bruder im Tip-Kick.

Neururer Peter (nach einer Niederlage über seine Spieler):
Wäre es ein bisschen kälter gewesen, wär vielleicht einer von ihnen am Boden festgefroren.

Rangnick, Ralf (über einen brasilianischen Neuzugang):
Es herrschten extreme Witterungsbedingungen, bei denen ich Angst hatte, dass er erfriert.

Rangnick Ralf:
Es könnte ja Aua machen, es könnte ja einer mit Watte werfen. Wenn er Angst hat, soll er sich hinter die Mauer stellen.

Rehhagel Otto:
Franz ist wie Marlene Dietrich. Ein alternder Star, den man nach wie vor bewundern muss.

Rehhagel Otto:
Wenn ich heute fünf Talente einbaue und mehrere Spiele hintereinander verliere, dann lassen die Leute an den Blumen, die sie mir zuwerfen, plötzlich die Töpfe dran.

Ristic Aleksandar:
Bei manchen Spielern fehlt etwas, deshalb spielen sie auch bei mir und nicht in Barcelona

Rüssmann Rolf (zur Begründung der ARD, wegen der hohen TV-Einschaltquoten kurzfristig das Pokalspiel der Bayern gegen Hannover zu übertragen):
Wenn man es so sieht, kann man auch das Vormittagstraining und das Kaffeetrinken der Bayern senden.

Stepanovic Dragoslav:
Lebbe geht weider.

Stepanovic Dragoslav (auf die Frage, wie sein neuer Vertrag in Frankfurt aussehe):
Ich glaube, er ist DIN A4.

Stevens Huub:
Ich werde bei den Trainingseinheiten nicht selber mitmachen. Schließlich will ich nicht noch mehr Verletzte haben.

Toppmöller Klaus (nach zwei Siegen in Pokal- und Punktspiel hintereinander beim 1. FC Kaiserlautern):
Meine Jungs sitzen noch in der Kabine. Sie wollen alle hierbleiben und nächste Woche wieder hier spielen.

Toshack John (als Trainer von Real Madrid):
Am Montag nehme ich mir vor, zur nächsten Partie zehn Spieler auszuwechseln. Am Dienstag sind es sieben oder acht, am Donnerstag noch vier Spieler. Wenn es dann Samstag wird, stelle ich fest, dass ich doch wieder dieselben elf Scheißkerle einsetzen muss wie in der Vorwoche.

Trapattoni Giovanni (über Lothar Matthäus Kritik an einem Transfer):
Ach, der Lothar, es ist immer dasselbe: viele Worte, wenig Erfolg. Wenn er als Trainer mal einen richtigen Titel gewonnen hat, darf er zu mir kommen und etwas sagen.

Vogts Berti (über die verspätete Ankunft von Mario Basler bei der Nationalmannschaft):
Der ist noch nicht hier. Es war ein Nichtraucherflug. Da konnte er nicht mit.

Vogts Berti:
Wenn jeder Spieler 10% von seinem Ego an das Team abgibt, haben wir einen Spieler mehr auf dem Feld.

von Thurn und Taxis Fritz (über Roque Santa Cruz):
Der Jüngste auf dem Platz, der ist ja gerade erst 19 geworden. Das hat ja ewig gedauert, der war ja ewig 18.

Wontorra Jörg:
Telefonieren Sie mit uns oder rufen Sie uns an!

Gehts um Sex oder was?

Gerland Hermann:
Auf Gefühle gebe ich gar nichts. Dreimal hatte ich das Gefühl einen Sohn gezeugt zu haben, und wir haben drei Töchter zu Hause.

Gutendorf Rudi:
Es stimmt nicht, dass ich in Spanien mit vielen Frauen poussiert habe. Es gibt viele Fotos, wo ich alleine unter Pinien stehe.

Hoddle Glenn (als englischer Nationaltrainer):
Wenn wir meinen, die Spieler haben es nötig, dann lassen wir ihre Frauen und Freundinnen hierher holen, um die Jungs wieder hoch zu kriegen.

Lattek Udo:
Wunderbar, wie er seinen Körper zwischen sich und den Gegner schiebt.

Merkel Max:
Im Fußball ist es wie bei der Liebe. Was vorher ist, kann auch sehr schön sein, aber es ist nur Händchenhalten. Aber der Ball muss hinein.

Meyer Hans:
Keiner liebt mich, da können Sie meine Frau fragen.

Rausch Friedel:
Wenn ich den Martin Schneider weiter aufstelle, glauben die Leute am Ende noch, ich sei schwul.

Rummenigge Karl-Heinz:
Uli Hoeneß und Lothar Matthäus haben wieder normalen Verkehr miteinander gehabt.

Shaqiri Xherdan:
Ich hoffe, dass Puma keine Pariser macht.
(nachdem beim Länderspiel gegen Frankreich sieben (!) Trikots der Schweizer zerrissen waren)

Vogts Berti:
Sex vor einem Spiel? Das können meine Jungs halten, wie sie wollen. Nur in der Halbzeit, da geht nichts.

Reporterweisheiten

Die Reporter sind ja die, die sich – gleich nach Politikern und weit vor Trainern und Spielern – am besten auskennen im Fußball. Bei ihnen wurde auf eine Kategorisierung verzichtet; am besten, Sie genießen einfach einen nach dem anderen.

Böttcher Joachim:
Jemand sollte Jan Furtok mal die polnische Übersetzung der Memoiren Casanovas schenken; da steht nämlich drin, wie man seine Chancen nutzt.

Coleman David:
Peru trifft zum dritten Mal - es steht nun 3:1 für Schottland.

Dahlmann Jörg (zum Abschied von Lothar Matthäus):
Da geht er, ein großer Spieler. Ein Mann wie Steffi Graf.

Dahlmann Jörg:
Julio Cesar hat sich heute Nacht fortgepflanzt. Victoria heißt die Kleine.

Dahlmann Jörg:
Möller und Chappi befruchten sich gegenseitig.

Dahlmann Jörg:
Das Tor kann er sich zu Hause übers Wohnzimmer hängen.

Dahlmann Jörg (beim Champions-League-Spiel
Real Madrid - FC Bayern München in Madrid):
*Es ist mucksmäuschenstill im Bernabeu-Stadion. Es singen nur die
Bayern-Fans.*

Darke Ian:
*Und - da nun noch vier Minuten zu spielen sind - steht es schon
0:0.*

Delling Gerhard:
*Da geht er durch die Beine, knapp an den Beinen vorbei, durch die
Arme.*

Delling Gerhard:
*Hup, Holland, Hup - das hat den Vorteil, dass man es auch bei
Schluckauf weitersingen kann.*

Delling Gerhard:
*Wenn man ihn jetzt ins kalte Wasser schmeißt, könnte er sich die
Finger verbrennen.*

Delling Gerhard:
*Das einzige, was sich nicht verändert hat, ist die Temperatur - es ist
noch kälter geworden!*

Drechsel Sammy:
*Rudi Sturz, gerade ausgewechselt, schießt in der 90. Minute das
2:0.*

Emmerich Kurt:
*Schiedsrichter Weyland pfeift am Wochenende in Moskau das Spiel
Sowjetunion gegen UdSSR.*

Endress Edgar:
Bisher ziehen sich die Bayern toll aus der Atmosphäre.

Esser Wolfram:
Das Spiel ist zu weit, zu eng.

Esser Wolfram:
Die Kickenbacher Offers.

Faßbender Heribert:
Fußball ist inzwischen Nummer Eins in Frankreich. Handball übrigens auch.

Faßbender Heribert:
Jetzt sind auch die Fans begeistert. Sie singen "Oh, wie bist du schön!"

Heribert Faßbender:
Bei diesem marokkanischen Spieler lachen immer alle, wenn man dessen Namen ausspricht: Lamouchi. Wahrscheinlich weil seine Bewegungen eher hölzern und gar nicht so katzenartig sind.

Faßbender Heribert:
Rivaldo ist ein Super-Techniker, oh, äh, das ist ja Cafu!

Faßbender Heribert:
Die Polen darf man nicht unterschätzen. Diese Balkan-Kicker sind unberechenbar!

Faßbender Heribert:
Sie sollten das Spiel nicht zu früh abschalten. Es kann noch schlimmer werden.

Faßbender Heribert:
Die Saudis sind übrigens Asienmeister, obwohl das ebensowenig Asiaten sind wie die Türken Europäer. Die Saudis haben ja gar keine Mandelaugen, wie man das von Asiaten erwartet. Das sind eher Araber als Asiaten.

Faßbender Heribert:
Es steht im Augenblick 1:1, aber es könnte auch umgekehrt lauten.

Faßbender Heribert:
Aber vorher müssen wir uns das Tor von Wolfgang Overath mit rechts auf der Zunge zergehen lassen.

Faßbender Heribert:
Oliver Neuville, der europäischste Europäer, den man sich am heutigen Abend überhaupt vorstellen kann: Vater Deutscher, Mutter Italienerin und Großvater Belgier - von dem er auch den Namen hat! Sonst würde er Neustadt heißen!

Faßbender Heribert:
Da ist Leboeuf mit Petit zusammengestoßen. Da war der Ballack gar nicht beteiligt. Höchstens der Verursacher.

Faßbender Heribert:
Tagsüber, wenn die Sonne scheint, ist es hier noch wärmer.

Faßbender Heribert (nach drei gespielten Minuten):
So, jetzt ziehen wir mal Fazit.

Figgemeier Eberhardt:
Was dieses phantastische Spiel an Werbung für den Fußball gebracht hat, ist gar nicht wiedergutzumachen.

Fuss Carsten:
Auswärts sind die Greuther stärker als in der Fremde.

Hansch Werner:
Nicht der Bessere soll gewinnen, sondern immer Schalke.

Hansch Werner:
Die einzige Schwäche von Van Nistelrooy ist seine Kopfballstärke.

Hansch Werner (als bei einem schlechten Spiel ein Zuschauer eine Bierflasche auf den Platz wirft):
Da hat doch jetzt tatsächlich einer eine zusätzliche Flasche aufs Spielfeld geworfen.

Hansch Werner:
Das Beste in Kürze: Das Spiel ist aus.

Hansch Werner:
Und jetzt kommt die Zeitlupe, da sehen Sie, wie schön Andreas Herzog den Lars Ricken nach allen Regeln der Kunst entbeint.

Hansch Werner (als Bobic zum dritten Mal gegen Torwart Frank Rost eine Großchance vergibt):
Fredi Bobic damit schon zum dritten Mal verrostet.

Hansch Werner:
Andrea Carnevale hält sich für eine Rakete, aber, meine Damen und Herren, nicht jeder Knallfrosch ist gleich 'ne Rakete.

Hansch Werner (nachdem ein Spieler mehrere große Chancen vergeben hat):
Ich glaube, sein Problem liegt zwischen den Ohren.

Hansch Werner (beim einem UEFA-Cup-Spiel von Schalke):
Ist der Papst, die Frage muss gestellt werden, Mitglied beim Schalke 04? Ich kenne einen Weihbischof aus Essen, der ist Mitglied beim FC Schalke. Der sollte jetzt auch mal die Daumen drücken.

Hansch Werner:
Wenn das keine Chance war, dann war das zumindest eine große Möglichkeit.

Hansch Werner:
Aumanns Trikot ist voller Schlamm. Wenn der sich jetzt auf 'ne Heizung setzt, kann er sich mit 'nem Hammer ausziehen.

Hansch Werner:
Das Gesicht hat er vom Gesichtsverleih.
(über den verärgert dreinblickenden Ottmar Hitzfeld)

Hansch Werner:
Wer hinten so offen ist, kann nicht ganz dicht sein.

Hartmann Waldemar:
England ist so voller Euphorie nach dem Sieg gegen uns, demnächst glauben die auch noch, sie könnten kochen.

Hartmann Waldemar:
Der FC Bayern ist ein Verein von internationaler Weltbedeutung.

Hartmann Waldemar:
Guten Abend, meine Damen und Herren, und bon noir.
(noir heißt schwarz; gemeint war bon soir für Guten Abend))

Hermann Thomas:
Jancker und sein Pendant, der Schiri-Assi. Die Glatzerten fühlen sich zu einander hingezogen. Doppelkopf!

Hermann Thomas:
Voll auf die männliche Zwölf!

Hermann Thomas:
Ganea traf Kahn da, wo es bei XX-Chromosomen-Menschen am schmerzhaftesten ist.

Hiepen René:
Das war ein Schubser, aber kein Strafstoß, sondern ein Elfmeter.

Janz Thomas:
Es war so leise im Stadion, dass man die berühmte Stecknadel im Heu suchen konnte.

Jauch Günter:
Kaká heißt übrigens auf Deutsch übersetzt soviel wie "Jauch".

Jauch Günter (beim Spiel Real Madrid – Borussia Dortmund, bei dem kurz vor Anpfiff ein Tor umfiel):
Für alle Zuschauer, die erst jetzt eingeschaltet haben: Das erste Tor ist schon gefallen.

Kerner Johannes B.;
Ich schlage vor, Sie halten sich jetzt die Augen zu; ich sage nämlich die Bundesligaergebnisse.

Kerner Johannes B.:
Halten Sie die Luft an, und vergessen Sie das Atmen nicht.

Kerner Johannes B.:
Wenn man Gelb hat und so reingeht, kann man nur wichtige Termine haben.

Kerner Johannes B.:
Wieviel Franz steckt in Rudi?

Kerner Johannes B. (nach einem 0:1-Auswärtssieg im Londoner Wembleystadion):
Und wenn Wembley die Kathedrale des Fußballs ist, dann haben die Deutschen hier heute einen kräftigen Schluck Weihwasser gesoffen, das Gesangbuch geklaut und die Kerzen ausgepustet.

Laaser Erich:
Dortmund hat zwar einen Hitzfeld, aber keine Rasenheizung.

Laaser Erich:
In der letzten Saison hat der VFL Bochum von 5 Elfmetern 6 verschossen.

Laaser Erich:
Balakov hat viel Raum - und Platz ohne Ende.

Laaser Eric:
Das war die roteste Karte seit Erfindung dieser Einrichtung.

Ley Wolfgang:
Foul von ... na wer wohl? Von Fowler.

Ley Wolfgang:
Ja, ist es denn die possibility.

Lufen Klaus:
Auch größenmäßig ist es der größte Nachteil, dass die Torhüter in Japan nicht die allergrößten sind.

Mägerlein, Heinz
Der Ball liegt circa 22,40 Meter vorm Tor.

Mohren Wilfried
Wie auch immer es ausgehen mag, es war ein schwer erkämpfter Sieg für die Bayern.

Mohren Wilfried:
Auch die Schiedsrichter-Assistenten an der Linie haben heute ganz ordentlich gepfiffen.

Mohren Wilfried (zur schottischen Mannschaft bei Weltmeister-schaften):
Die Schotten sind meist eher zu Hause als ihre Postkarten.

Mohren Wilfried:
Was Sie hier sehen, ist möglicherweise die Antizipierung dessen, was später kommt.

Mohren Wilfried:
Präger schießt...aber soooo lasch, da müsste man ja eine Stulle hinterher schmeißen, damit der Ball auf dem Weg zum Tor nicht verhungert.

Netzer Günter:
Während ich mich bückte, hat mir der Franz Beckenbauer mal einen Freistoß gestohlen. Mensch, war ich sauer, aber leider ging der Ball rein.

Netzer Günter:
Beckenbauer war mit 21 auch nicht der Beckenbauer späterer Jahre.

Netzer Günter (auf die Frage, was passiert, wenn Südkorea gegen Holland gewinnt):
So etwas gibt es im Fußball nicht.

Netzer Günter:
Da haben gestandene Spieler auf dem Platz gestanden.

Netzer Günter:
Ich hoffe, dass die deutsche Mannschaft auch in der 2. Halbzeit eine runde Leistung zeigt, das würde die Leistung abrunden.

Netzer Günter (zu Gerhard Delling):
Ich sag ja, Sie hören mir nie zu!

Antwort Delling:
In Ihrem Alter merken Sie gar nicht mehr, ob Ihnen jemand zuhört.

Obermann Holger:
Zwei Minuten gespielt, noch immer hohes Tempo.

Obermann Holger (kommentiert, ohne es zu bemerken, eine Wiederholung):
Und wieder ein Konter! Wieder Kum Bum Cha! Was macht er diesmal? Wieder drüber!

Palme Michael:
Was ist eigentlich Winfried Schäfers Friseur von Beruf?

Poschmann Wolf-Dieter:
Von Jürgen Kohler, den sie alle nur „Kokser" nennen, zurück zum heutigen Gegner Kolumbien - eine gelungene Überleitung, wie ich finde.

Poschmann Wolf-Dieter (Frage an Franz Beckenbauer bei 1:0-Halbzeitstand):
Halten Sie den Vorsprung der deutschen Mannschaft auch in dieser Höhe für leistungsgerecht?

Rauschenbach Hans-Joachim:
Bei der Eintracht kriselts im Vorstand. Und wie jeder weiß: Wenn der oberste Knopf falsch geknöpft ist, sitzt der ganze Anzug schief.

Reif Marcel (beim Spiel Real Madrid – Borussia Dortmund, bei dem kurz vor Anpfiff ein Tor umfiel; siehe auch unter „Günter Jauch"):
Ein Tor würde dem Spiel gut tun.

Reif Marcel:
Je länger das Spiel dauert, desto weniger Zeit bleibt.

Reif Marcel:
Und dieser öffnende Pass brachte wieder 57 cm Raumgewinn!

Reif Marcel:
Wenn Sie dieses Spiel atemberaubend finden, haben sie es an den Bronchien.

Reif Marcel (beim Spiel einer afrikanischen Mannschaft):
Ich will nicht parteiisch sein, aber: Lauft, meine kleinen schwarzen Freunde, lauft.

Reif Marcel (beim Länderspiel Deutschland - Ghana):
Die Spieler von Ghana erkennen Sie an den gelben Stutzen.

Reif Marcel
Auch ohne Matthias Sammer hat die deutsche Mannschaft bewiesen, dass sie in der Lage ist, ihn zu ersetzen.

Réthy Béla:
Pinto fordert den Ball, aber Soldo entschließt sich zu einem Fehlpass.

Réthy Béla:
Portugal spielt heute mit sechs Ausländern.

Réthy Béla:
Der Oberarm gehört zur Hand.

Réthy Béla:
Das da vorn, was aussieht wie eine Klobürste, ist Valderrama.

Réthy Béla:
Nowotny - für mich einer von vier, die gesetzt sind. Außer ihm noch Kahn, Bierhoff, Kirsten und Matthäus.

Réthy Béla:
Ziege ist da umgeknickt. Scheint sich um eine Schulterverletzung zu handeln.

Riedle Karl-Heinz:
Sie spielen nicht schnell genug; das kann natürlich am Tempo liegen.

Rubenbauer Gerd:
Jetzt wechselt Jamaika den Torhüter aus.
(als der UEFA-Offizielle am Spielfeldrand die „1" zeigt für 1 Minute Nachspielzeit)

Rubenbauer Gerd:
Der kleinste Chinese auf dem Platz ist übrigens Thomas Hässler.
(beim Länderspiel Deutschland - China)

Rubenbauer Gerd:
Geschickt hat ihm Cannavaro, der schon ausgespielt war, krabbelnd den Weg versperrt.

Rubenbauer Gerd:
Helmer läuft schon auf Reservetank.

Rubenbauer Gerd:
Wenn der Kaiser die Unterlippe vor die Oberlippe schiebt, dann ist Gefahr im Verzug.

Rubenbauer Gerd:
Diese Ruuudi-Ruuudi-Rufe hat es früher nur für Uwe Seeler gegeben.

Rubenbauer Gerd:
Einen so harten Ellenbogen hat der in ganz Kolumbien noch nicht erlebt. Aber genau genommen war es das Knie.

Rubenbauer Gerd:
Die Achillesferse von Bobic ist die rechte Schulter.

Rubenbauer Gerd
Sie spielen abwechselnd alternierend.

Rubenbauer Gerd:
Die Paraguayer foulen wie Lepra-Kranke!

Rufus Richard
Ich habe den Eindruck, der Schiedsrichter hatte eine neue gelbe Karte und wollte sehen, ob sie auch funktioniert.

Schmidt Harald (bei der WM 98):
Deutschland besiegt die Amerikaner auf französischem Boden. Viele ältere Zuschauer hatten Tränen in den Augen!

Schmidt Harald:
Golden Goal ist scheiße. Man weiß nie, ob man sich noch ein Bier holen soll.

Schmidt Harald;
Jürgen Klinsmann ist inzwischen 694 Minuten ohne Tor. Das hat vor ihm, glaube ich, nur Sepp Maier geschafft.

Schneider Werner:
Zu spielen noch eine halbe Stunde, sogar noch etwas drüber, also noch 15 Minuten.

Schwarze Klaus:
Saarbrücken bezwang Freiburg mit 1:1.

Seeger Robert (Reporter des österreichischen Fernsehens beim 0:9 Debakel der Österreicher, als eine Nachspielzeit von 4 Minuten angezeigt wird):
Nein, tut´s uns das nicht auch noch an.

Seeger Robert:
Die Bulgaren wärmen bereits einen Spieler auf.

Simon Steffen (beim Leverkusener 9:1-Sieg in Ulm):
Hier werden Spatzen zu Moorhühnern.

Steinbrecher Michael:
Die erste Halbzeit zerfällt in zwei Hälften: Die erste Hälfte dominier-
ten die Rumänen und die zweite Hälfte die Rumänen.

Töpperwien Sabine:
...wie Statistiken ausgerechnet haben...

Turnheer Beni:
Der Rasen sieht alt und gebraucht aus, irgendwie erinnert er ich an
die Kleider der Kelly Family.
Vogt Henry:
Yeboah blieb heute sehr blass.

Vogt Henry:
Hass gehört nicht ins Stadion. Solche Gefühle soll man gemeinsam
mit seiner Frau daheim im Wohnzimmer ausleben.

Wark Thomas:
Axel Kruse hat in Rostock mehrere Pferdchen laufen.

Wiese Michael:
Wolfsburg hat die letzten drei Heimspiele zu Hause verloren.

Wontorra Jörg
Der HSV hat im letzten Sommer alle Spieler verpflichtet, die bei drei
nicht auf dem Baum waren.

Wontorra Jörg:
Da haben nur noch elf der 24000 Zuschauer an ein Weiterkommen
geglaubt.

Weisheiten von (Möchtegern?-) Experten

Eschweiler Walter (Schiedsrichter; als ein Spieler in der 86. Spielminute Elfmeter reklamierte):
So spät kann man keinen Elfmeter mehr geben.

Fans der SpVgg Greuther Fürth (nach Abstieg):
Wenig Spaß und anstrengende Gäste. Nächstes Jahr fahren wir woanders hin.

Fans der Offenbacher Kickers:
Es gibt auf der ganzen Welt einen Brasilianer, der nicht kicken kann, und der spielt beim OFC.

Fans des 1. FC Union Berlin (zu „DDR"-Zeiten bei Freistößen):
Die Mauer muss weg!

Härder Mäc (Kabarettist; zur WM 2006):
Für die WM bekommen Rentner keine Karten: Die hatten 1974 ihre Chancen!

Härder Mäc:
Was macht der Fan des 1. FC Nürnberg, wenn der Deutscher Meister ist? Er macht sein Computerspiel aus!

Härder Mäc:
Der höchste Berg Deutschlands ist der Nürnberg: Man braucht ein Jahr für den Abstieg!

Hildebrandt Dieter:
Dem Schiedsrichter zu widersprechen, das ist, wie wenn man in der Kirche aufsteht und eine Diskussion verlangt.

Johansson Lennart (UEFA-Präsident (zum Vorschlag des FIFA-Präsidenten Joseph Blatter, die Fußballtore zu vergrößern):
Herr Blatter hat viele Ideen. Aber wenn er größere Tore will, wäre es billiger, eine Regel einzuführen, die festlegt, dass Torhüter nicht größer als 1,50 m sein dürfen.

Jonas Bruno (Kabarettist):
Schäuble holt jetzt die Bundeswehr zur WM, zum Objektschutz. Finde ich richtig: Das deutsche Tor kann eine gute Verteidigung brauchen.

Kohl Helmut (Politiker, Ex-Bundeskanzler):
Ich bin kein vollständiger Fußballlaie, ich kenne immerhin den Unterschied zwischen einem Strafstoß und einem Elfmeter.

Koschwitz Thomas (TV-Moderator):
Wenn Fußballer durch den Verzicht auf Sex bessere Leistungen bringen würden, hätte die Betriebsmannschaft des Vatikan längst den Europapokal gewonnen.

Lembke Robert (Fernseh-Schaffender):
Eines der Probleme beim Fußball ist, dass die einzigen Leute, die wissen, wie man spielen müsste, auf der Pressetribüne sitzen.

Löring Jean (Präsident Fortuna Köln, bei der Entlassung von Trainer Toni Schumacher in der Halbzeitpause):
Du hast hier nichts mehr zu sagen, du Wichser!

Lübke Heinrich (Ex-Bundespräsident; zum „Wembley-Tor" 1966):
Ich habe gesehen, wie der Ball im Netz zappelte.

Müller-Wohlfahrt Dr. Hans-Wilhelm (Sportmediziner):
Wegen Gyula Lorant hätte ich beinahe aufgehört. Er hat mir mal erklärt, dass man einen herausgesprungenen Meniskus am besten mit der Eckfahne wieder reinhaut.

Neuberger Hermann (als DFB-Präsident):
Fragen Sie mal meine 20 Mexikaner, mit denen ich arbeite, was sie von meiner sozialen Einstellung halten. Ich habe keinen im Regen stehen lassen, wenn ich zum Essen gegangen bin. Die essen immer mit. Das habe ich als Reiter gelernt: Zuerst wird das Pferd versorgt.

Nuhr Dieter (Kabarettist):
Bei der Fußball-WM habe ich mir Österreich gegen Kamerun *ange-*
schaut. Auf der einen Seite Exoten, fremde Kultur, wilde Riten - und
auf der anderen Seite Kamerun!

Nuhr Dieter:
Männer haben 100 Gramm mehr Gehirn als Frauen - da ist unter
anderem die Abseitsregel drin.

Rau Johannes:
Wie soll das denn dann heißen? Ernst-Kuzorra-seine-Frau-ihr-
Stadion?
(Der Ex-Bundespräsident zum Vorschlag, Fußballstadien nach
Frauen zu benennen)

Sartre Jean-Paul (Schriftsteller):
Bei einem Fußballspiel verkompliziert sich alles durch die Anwe-
senheit der gegnerischen Mannschaft.

Schmidt Harald:
Auch in Saudi-Arabien wird Fußball gespielt. Die Königsdisziplin
dort heißt Köpfen.

Seitz Jochen (Zeugwart des VfB Stuttgart; auf die Frage, was sich
unter dem neuen Trainer Felix Magath verändert habe):
Es lohnt sich wieder, die Trainingsklamotten zu waschen.

Stoiber Edmund (Politiker, Ex-Ministerpräsident):
Unterhaching ist von der gesamttechnischen Perfektion sehr kom-
pakt.

Auch Frauen spielen Fußball

Die Frauen ganz am Ende des Buches? Aber nein, nicht als aller-
letztes, eigentlich gut verzichtbares Anhängsel, sondern ganz um
Gegenteil, weil einer Redensart zufolge das Beste immer zum
Schluss kommt!
Frauenfußball hat sich ja längst „emanzipiert". Wurde auch Zeit! Ist
aber noch gar nicht so lange her. Lassen Sie sich durch zwei vo-
rangestellte DFB-Zitate, die nicht meiner Fantasie, sondern den
Statuten des größten Fußballverbandes der Welt entstammen, ins
Thema einführen.
Und lesen Sie dann ein Statement des größten Frauenverstehers
unter Gottes Sonne: Lothar Matthäus! Dann is´ aber auch gut!
Danach kommen nur noch die kickenden Damen selbst zu Wort
kommen!

DFB (Begründung des Verbots professionellen Frauenfußballs
1955):
*Im Kampf um den Ball verschwindet die weibliche Anmut. Körper
und Seele erleiden unweigerlich Schaden, und das Zurschaustellen
des Körpers verletzt Schicklichkeit und Anstand.*

DFB (Verlautbarung zur Trikotwerbung im Frauenfußball 1976):
*Die Anatomie der Frau ist für Trikotwerbung nicht geeignet. Die
Reklame wird verzerrt.*

Matthäus Lothar:
*Die Frauen haben sich entwickelt in den letzten Jahren. Sie stehen
nicht mehr zufrieden am Herd, waschen Wäsche und passen aufs
Kind auf. Männer müssen das akzeptieren.*

Behringer Melanie:
Wir rasieren uns die Beine, die nicht.
(Über den Unterschied zwischen Männer- und Frauenfußball)

Bresonik Linda:
*Ich dachte, wenn schon 75 000 im Stadion sind, wie können dann
noch 18 Millionen vor dem Fernseher hocken.*
(Bei der Frauen-WM in Deutschland)

Dominguez Maribel:
Es ist ein Fußball-Paradies.
(Die mexikanische Stürmerin über die Stimmung bei der Frauen-fußball-WM in Deutschland):

Fitschen Doris (Nationalspielerin):
Die Musik damals hat Tina Theune ausgesucht, was nicht immer lustig war. Das war auch gerne mal der Radetzky-Marsch, um uns in Stimmung zu bringen.

Garefrekes Kerstin, Nationalspielerin:
Ich habe gesehen, dass der Ball in meine Richtung kam. Da habe ich gedacht: Ja, muss ich mal hin.

Garefrekes Kerstin:
Ja scheiße, nicht gut.
(über ihre Gedanken nach einer vergebenen Großchance):

Krauth Stephanie (Regionalligaspielerin):
Frauen kicken nicht, sie spielen Fußball.

Laudehr Simone (Nationalspielerin):
Ich liebe es, gegen Jungs zu spielen. Die haben keine Angst, hauen uns auch mal um und heulen nicht rum, wenn wir sie umhauen.

Neid Silvia (auf die Frage, ob sie auf dumme Fragen zur Frauen-Fußball-WM vorbereitet sei):
Glauben Sie, dass die dümmer werden als die im vergangenen Jahr?

Neid Silvia:
Nein.
(auf die Frage, ob Fußballerinnen mit ihrem Körper anders umge-hen als Fußballer)

Neid Silvia:

Das konnten wir nicht testen - leider. Ich konnte meine Mannschaft nicht anweisen, in Rückstand zu gehen.

(Die Frauen-Bundestrainerin, deren Mannschaft bei WM-Tests nie in Rückstand geriet)

Prinz Birgit:

Dazu habe ich keine Lust. Das können Sie selber machen.

(auf die Bitte, ihre Leistung zu analysieren):

Bücher von Klaus Sauerbeck

Arbeitslehre 9.
Praxisgerechte Anregungen für den Unterricht.
Donauwörth 1988.
Geschichte 7.
Praxisgerechte Anregungen für den Unterricht.
Donauwörth 1993.
sLem is a Radl.
Texte in Oberpfälzer Mundart. Kallmünz 2004[2].
Die Berufsmotivation von Hauptschullehrern.
Theoretische Grundlegung und empirische Untersuchung zur Berufsmotivation von Lehrkräften an Hauptschulen. Regensburg 1996.
Patschelchens Weihnachtsabenteuer.
Kallmünz 2000.
Lust auf Schule.
Mutmachbuch für Lehrer. Düren 2000[2].
Max und Moritz für die Schule.
Möglichkeiten der praktischen Behandlung im täglichen Unterricht, im Planspiel, im Projekt.
Donauwörth 2002.
Eine Bildung haben Sie vielleicht schon,
aber eine Bildung haben Sie keine.
Lauter lustige Lehrergeschichten:
Was passiert, wenn Lehrer lernen? Kallmünz 2003.
Struwwelpeter für die Schule.
Möglichkeiten der praktischen Behandlung im täglichen Unterricht, im Planspiel, im Projekt.
Donauwörth 2004.
Auer Deutschbuch 5 bis 10.
Ein kombiniertes Sprach- und Lesebuch.
6 Bände. Donauwörth 2004 – 2008.

Auer Deutschbuch 5 bis 10
Lehrerhandbücher. 6 Bände.
Donauwörth 2004 – 2008.
Der erzählende Adventskalender.
24 weihnachtliche Geschichten mit dem Englein
Patschelchen. Stamsried 2006.
Kulinarisch durchs Kirchenjahr.
Kallmünz 2007.
Stille Nacht, heilige Nacht.
Die Geschichte eines Liedes. Holzgerlingen 2007.
Amazing Grace.
Die Geschichte eines Liedes. Holzgerlingen 2008.
Der Mond ist aufgegangen.
Die Geschichte eines Liedes. Holzgerlingen 2009.
Elf Freunde bleiben am Ball.
Fußballgeschichen mit einem Vorwort von Uli
Hoeneß. Witten 2009.
Manchmal werden Träume wahr.
Fußballgeschichten und Materialien zum Thema
Werterziehung. Hemau 2011.
Hey, du alte Kanalratte.
Geschichten und Materialien für die Bereiche Deutsch/ Re-
ligion/ Ethik/ Sozialkunde.
Hemau 2012.
Lesen, schreiben, beten.
Das Schülergebetbuch. Leipzig 2016.
Die Liebe lebt.
Das Familien-Weihnachtsbuch.Norderstedt 2016.
lautlos lärmen gedanken.
gedichte. Norderstedt 2017.
Ihr fünf spielt jetzt vier gegen drei.
777 coole, lustige, bekloppte, unglaublichsten
Fußballsprüche. Noderstedt 2017.

Weitere Publikationen:

Pepe Pulverfass. Ein Piratenmusical für Kinder.
Texte: K. Sauerbeck. Musik: Hubert Zaindl.

St. Josefs-Messe. Bayerische Mundartmesse.
Texte: K. Sauerbeck. Musik: H. Gaisa.

Jesus, hey, ich grüße dich. Eine Messe für Kinder.
Texte: K. Sauerbeck. Musik: Hubert Zaindl.